창의력과 집중력, 천재들의 공부 비결 이야기

한국의 공부 천재들

유 한 준 지음

BOOK STAR

머리말

옛말에 "개천에서 용龍이 난다."라는 말이 있습니다. 어려운 환경, 미천한 가정에서도 큰 인물이 나올 수 있다는 말입니다. 우리나라의 명인들은 고시를 통해 등장합니다.

멀리 삼국 시대 찬란한 문명의 꽃을 피워낸 신라 때에는 독서출신과를 통해 우수한 인재를 발굴하였고, 고려와 조선 시대에서는 과거科擧를 통해 유능한 인재를 선발하여 관리로 등용하였습니다.

대한민국에서는 국가고시國家考試로 뛰어난 인재를 가려내고 있습니다. 국가고시는 특정한 직위, 과정 등이 요구하는 학식, 기능, 기타의 자격을 갖춘 사람을 선발하기 위해 검증하는 시험 방법의 하나입니다. 그 방법에 따라 필기고시, 면접고시, 실기고시 등으로 나눕니다. 또한, 내용에 따라 일정한 자격을 부여하기 위한 자격고시와 특정한 직종에 기용하기 위한 임용 후보자를 선발하는 채용고시도 있습니다.

대그룹을 비롯한 여러 기업들도 입사시험 또는 채용시험을 통해 필요한 사람들을 가려냅니다. 그 가운데 삼성그룹이나 현대그룹 입사시험도 국가고시만큼 어렵다 하여 '삼성고시', '현대고시'라는 말까지 생겼습니다.

우리나라에서 시행하는 국가자격시험에는 사법고시, 입법고시, 행정고시, 외무고시, 공인회계사를 비롯하여 공인노무사, 세무사, 법무사, 행정서사, 감정평가사, 공인중개사, 변리사, 건축사, 관세사, 의료법에 의한 의사, 한의사, 치과의사, 수의사, 간호사, 국가기술자격법에 의한 기능사보, 기능사, 기사, 기술사, 기능장, 운전면허시험 등 다양합니다.

정부 수립 이후 전국의 내로라하는 수재들은 국가고시라는 등용문登龍門을 통해 입신양명立身揚名하며 국가와 사회에 봉직하는 행운을 얻었고 그 길은 계속되고 있습니다.

국가고시에 패스하는 유일한 길은 자기가 원하는 분야의 고시에 합격하는 것입니다. 고시는 어떤 하나에 합격하기도 어렵다고 하는데, 그 어려운 고시를 2개, 3개를 패스하는 수재들도 있습니다. 이른바 고시 3관왕, 또는 고시 다관왕이 바로 그 주인공들입니다. '그들의 IQ는 얼마나 높을까?' 하고 많은 사람이 부러워합니다.

공부의 지름길은 꾸준히 학습하는 것뿐입니다. '독서백편의자통讀書百遍義自通'이라 하여 같은 책이라 해도 100번을 되풀이하여 읽으면 저절로 그 뜻을 알게 된다는 옛말이 있습니다. 기억력, 탐구력이 뛰어나 한 번 배운 것을 잊지 않는 타고난 천재도 있지만, 부단한 노력과 집념으로 자기를 연마하고 실력을 키우면 반드시 그 빛을 보게 마련입니다.

고시 3관왕을 포함하여 각종 시험에서 수석을 차지한 명사들, 서울대 수석 입학과 졸업자들의 이야기를 쓰면서, 기왕에 나타난 기록이나 자료를 참고하여 사실대로 인용하는 데 최선을 다했습니다. 다만 기술하는 데 있어서 그 주인공들의 존칭을 쓰지 않은 점을 널리 양해하여 주기 바랍니다.

최근에는 미국의 저명한 10여 개 대학교 입학시험에 동시 합격하는 뛰어난 대한민국의 청소년들도 나타나면서 화제를 모으고 있습니다.

공부의 천재들은 하나같이 "어릴 적에 책을 많이 읽은 학생이 성공한다."라고 말합니다. 큰 꿈을 안고 자라는 청소년들이 그 분들의 의지와 집념, 철학을 등불 삼아 따르고 본받아 훌륭한 인재로 거듭나기를 기대합니다.

유 한 준

차 례

세계가 주목하는 한국의 천재들

〈무순〉

이름	특징
이수정	용인외고를 졸업하고 미국 13개 대학 동시 합격 '바둑 소녀' 등 다양한 특기를 지닌 소녀
김재형	초등학교 재학생, 일곱 살 때 15개국 언어를 독학으로 공부한 소년 카이스트 영재교육원 최연소 입학
박원희	민족사관고교를 2년 만에 조기 졸업한 천재 소녀 미국의 10개 명문 대학 동시 합격
이세웅	전주 우전중-전북과학고교-서울대 입학한 수학 천재 미국의 유명한 10개 대학 동시 합격
이진형	서울대 의대 입학 권유 뿌리치고 서울대 공대로 진학 미국 스탠퍼드대학 교수로 파킨슨병 진단 길을 열어 놓은 여성
윤송이	카이스트 수석 졸업한 천재 소녀, 엔씨소프트 CEO 미국 MIT대학 한국인 최연소 공학박사, 세계가 주목하는 여성
김정훈	경남 도내 고교 학력 1위 천재 소년, 서울대 치대 중퇴 가수, 배우 연예인으로 활동
금나나	영광여중-경북과학고 졸업, 미스코리아 진 출신 미국 하버드대학 우등생, 영양학박사로 인생 역전한 수재

국가고시 3과 합격 수재들

〈가나다 순〉

이름	출신 학교	합격 분야
강용택	통영고 - 서울법대	사법, 행정, 입법
고승덕	경기고 - 서울법대	사법, 행정, 외무
김관영	군산제일고 - 성대	사법, 행정, 회계
김기영	중동고 - 서울법대	사법, 행정, 외무
김태석	대전고 - 서울법대	사법, 행정, 외무
박찬종	경기고 - 서울상대	사법, 행정, 회계
손태원	대원외고 - 서울법대	사법, 행정, 입법
송옥렬	경복고 - 서울법대	사법, 행정, 외무
신오철	남성고 - 서울법대	사법, 회계, 행정
오승진	광문고 - 경찰대	사법, 행정, 입법
이정우	대성고 - 서울법대	사법, 행정, 외무
장덕진	춘천고 - 고대법대	사법, 행정, 외무
정영진	순천고 - 서울법대	사법, 행정, 외무
진행섭	남성고 - 서울공대	사법, 행정, 회계

제1장

천재들의 공부 비결

- 상상을 초월하는 천재들
- 천재, 그들은 누구인가?
- 일곱 살에 15개국 말을 하는 김재형
- 수학 천재 연예인 김정훈
- 핵물리학자 꿈꾸는 이세웅

상상을 초월한 천재들

감동의 스토리

우리 주변에는 엉뚱한 분야에서 생각도 못 한 글로벌 천재들이 나타나 세상을 놀라게 하는 일이 가끔 일어난다.

초등학생 재형이의 이야기는 참으로 신통하고도 불가사의하다. 가난한 집 아들로 태어나 17개월 만에 한글을 깨치고 영어를 익히고 일곱 살에 15개 외국어를 공부하여 술술술 말하다니 그럴 수가 있는가? 초등학교 3학년 때 카이스트 영재교육원에 최연소로 들어간 대전의 김재형 어린이에게 모두가 부러움의 눈길을 보냈다.

한편, 미국의 10여 개 유명 대학교에 동시 합격한 천재들도 있다. '바둑 소녀'로 미국의 저명한 13개 대학에 동시 합격한 용인의 이수정, 고교 3년 과정을 2년 만에 조기 졸업하고 미국의 명성 있는 10여 개 대학으로부터 동시 합격 통지서를 받아든 대전의 소녀 천재 박원희, 카이스트를 수석 졸업한 후 미국 MIT대학에 유학하면서 3년 반 만에 최연소 박사학위를 따내고 세계 최연소 여성 CEO

가 된 '하얀 눈꽃송이' 천재 윤송이의 이야기도 많은 사람에게 감동을 안겨 주었다.

지방 출신으로 전주에서 중학교 때부터 유학의 꿈을 안고 공부하여 미국 10여 개 명문 대학에 동시 합격한 영재 이세웅, 소백산 자락의 경북 영주에서 태어나 미스코리아 진으로 뽑힌 뒤에 하버드대학 박사가 된 미녀 금나나의 공부 비결도 관심을 끌었다.

중풍으로 쓰러진 할머니의 모습을 보고 충격을 받은 뒤 의과대학에 진학하지 않고 공과대학으로 가서 뇌 회로에 관심을 갖고 공부하고 미국으로 건너가 한국 여성 최초로 스탠퍼드 공대와 의대에서 각각 교수 직함을 가지고 파킨슨병 진단의 길을 열어 놓은 천재 재원 이진형 교수의 이야기도 많은 사람에게 큰 울림으로 다가왔다.

서울대 치과대학을 중퇴하고 가수와 배우의 연예인으로 나선 경남 진주의 수학 천재 김정훈의 인생 역전 스토리도 청소년들에게 화제가 되고 있다.

어린 시절에 영재라는 소리를 들으며 자란 이들은 초등학교에 들어가기 전부터 남다른 특성을 보이면서 주변의 관심을 끌었다. 학원이나 전문 과외에 매달리지 않고 하나같이 스스로의 노력으로 천재성을 발휘하였다.

이들 천재 소년 소녀들의 IQ는 얼마나 높을까? 이들은 "스스로 천재라고 말하지 않고, IQ가 얼마인지도 모르면서 자랐다."라고 말한다. 마술 같은 IQ의 전설에 의지하지 않고 주변 사물의 흐름을 주의 깊게 살피면서 스스로 눈을 뜨고 귀를 열어 탐구 학습에 빠져들었다.

천재, 그들은 누구인가?

시선 집중

천재, 그들은 누구인가? 흔히 학급이나 전교에서 1등을 하는 학생들을 천재 또는 수재라고 말한다. 정말 그럴까? 천재의 개념은 무엇일까? 천재는 많은 사람이 궁금하게 여기는 단어이다. 일반적으로 보통 사람보다 고도의 재능을 가진 사람, 머리가 뛰어나서 공부를 아주 잘하는 학생들을 수재라고 지칭한다.

초등학교 3학년 어린이가 영어 원서를 읽고 영어로 일기를 쓰고, 중3 학생이 외국 대학의 유학 시험을 보고, 일곱 살 꼬마가 15개 언어를 중얼거려 신동이라고 언론들이 앞다투어 보도한다.

별다른 과외나 학원 교습 없이 특수고교를 2년 만에 조기 졸업한 소녀, 지방 학교에 다니면서 내로라하는 수학경시대회를 휩쓸고 세계적인 명문 대학 10여 곳에 동시 합격의 영광을 따낸 천재들도 있다.

수재들은 초등학교부터 중 · 고교와 대학 등에서 줄곧 1등 권에 들거나 남들보다 빨리 각급 학교 교과과정을 마치고 외국의 명문 대학에 입학하는 학생, 초 · 중 · 고교 전 과정을 징검다리를 건너뛰듯 다니고도 국내외의 명문 대학에 입학하는 학생, 어려운 시험에 만점으로 합격하는 사람들도 언론의 집중 조명을 받았다.

"이런 학생들은 어떻게 공부하였을까?" 하고 많은 사람이 관심을 두게 마련이다.

빼어난 능력, 탁월한 재능에 대해서는 대체로 두 가지 견해가 있다. 첫째는 천재와 보통 사람인 범인의 차이는 양적인 것에 지나지 않는다는 주장이고, 둘째는 그 차이를 양적인 것이 아니라 질적인 것이라고 생각하는 입장이다.

천재와 범인의 차이

천재와 범인을 구별하는 첫 번째 견해인 양적인 차이를 강조하는 입장은 지능지수IQ의 수치를 기준으로 꼽는다. 심리학에서는 천재에 대하여 지능 테스트의 실용적 성공과 그 연구의 진전을 배경으로 하여 극히 높은 지능지수의 소유자를 가리킨다. 따라서 천재도 범인과 질적으로 다를 바가 없다는 견해이다.

예를 들면 지능 테스트에 관해 연구한 학자들은 IQ 140 이상이면 천재 또는 영재라고 규정한다. 이들 학자들은 IQ 140 이상인 영재 어린이들을 여러 해에 걸쳐 추적 연구한 결과 이들 영재 어린이들은 중 · 고교나 대학에 진학한 뒤에도 IQ에 변함이 없고, 성적이나 학력이 뛰어나서 사회적 지위나 수입도 높은 것으로 나타났다고 밝히고 있다.

그러나 이들 학자들은 "IQ 140 이상인 사람들 가운데는 정서적 불안정 때문에 실패로 끝나는 경우도 있다. 또 역사상 천재로 이름을 올렸던 사람들의 학교 성적을 조사한 결과 에디슨, 아인슈타인의 경우처럼 전 과목에 걸쳐 좋은 성적을 올린 우등생형은 오히려 드물고 특정한 과목에서 두드러진 재능을 보여준 사례가 많다는 사실이 판명되었다"고 말한다.

이런 연구 결과로 볼 때, IQ가 높다는 것만이 성공을 보증하는 유일한 잣대가 아니고, 천재가 반드시 학교 수석을 차지하는 수재도 아니라는 것이다. 지능지수에 따라서 천재와 범인이 가려진다는 연관성은 신빙성이 떨어지고 있다는 입장이다.

천재와 범인을 구별하는 두 번째 견해인 질적인 차이를 강조하는 입장은 지능지수는 당연히 특수한 유전인자에 의한다는 주장이다.

정신의학자들은 천재 300~400명 가운데 평생 한 번쯤 정신병적 상태를 나타낸 사람이 12~13%에 이른다는 연구결과를 내놓았다. 이런 현상은 천재라는 사람의 경우 단순한 하나의 인자로 풀이할 수 없는 복잡한 상태라는 것이다. 여기에 천재의 수수께끼가 있다고 학자들은 보고 있다.

지능과 학습

지능은 학습을 하거나 새로운 장면 또는 과제에 대하여 기억, 추리, 지식 등을 유연하게 사용하는 일반적인 지적 능력을 일컫는다. 지능검사는 지능을 개관적이고 과학적으로 알아보기 위하여 고안된 것이며 그 결과를 수자로 나타내는 측정 방법의 하나이다.

지능검사는 3~13세 또는 5~15세까지를 대상으로 하는 어린이용 검사가 보편적이다.

지능지수에 따라서 천재, 수재, 보통, 우둔, 치우, 백치 등으로 보고 있다. 지능이 높을수록 학습 효과가 높다고 여기는 것이 일반적이다. 그러나 정신과의사나 학자들은 꼭 그렇지 않다고 말한다.

공부의 비결은 지능지수에 있는 것이 아니라 스스로의 노력에 달려 있다. 다만 보통보다는 천재가 좀 더 유리하다고 여길 뿐이다.

일곱 살에 15개국 말을 하는 김재형

아이에게도 기적은 일어난다

태어난 지 17개월에 한글을 깨치고 7세에 15개국 언어를 마스터한 천재 어린이 김재형은 8세 때 카이스트 부설 영재교육원에 최연소 학생으로 당당하게 들어갔다. 한 TV에서 그런 재형이의 이야기가 전파를 타고 알려지면서 이를 본 많은 부모가 "아이에게도 기적은 일어난다!"라고 말한다.

"재형이의 IQ는 도대체 얼마일까?"

"이 어린이는 어떻게 15개국 언어를 술술 말하게 되었을까?"

자녀의 조기교육에 열을 올리고 있는 많은 어머니가 부러워하고 감동한다. 가진 것 별로 없는 평범한 아빠는 어떻게 어린 아들의 재능을 이끌어냈을까? 김재형이의 놀랍고도 감동적인 학습 이야기에 많은 어머니가 고개를 갸우뚱거린다.

대전에 사는 재형이는 또래 어린이에 비해 무척 어른스럽고 남달랐다. 유아 시절부터 유난히 언어에 관심이 많고 책을 좋아했다. 가난한 그의 부모는 재형이가 그저 다른 아이들보다 조금 일찍 말을 하고 책을 읽는 것뿐이라고 여겼다. 또래 남자아이들은 장난감 자동차를 가지고 신나게 놀지만, 재형이는 장난감 대신에 책을 장난감처럼 가지고 노는 것뿐이라고 생각했다.

좌 · 우뇌를 두루 쓰는 천재

| 김재형(자료 : 조선일보)

어느 날 재형이가 외국어로 된 원서를 술술 읽는 것이었다. 특별하게 가르쳐 준 일도 없다. 그의 부모는 하도 대견스럽고 이상해서 전문가에게 상담하였다. 전문가는 "재형이가 왼쪽 뇌와 오른쪽 뇌를 골고루 사용하는 어린이"라고 판단하였다. 그리고 그런 사람은 흔하지 않아서 "영재 중의 영재"라고 말했다.

둘째 아들로 태어난 재형이는 17개월 만에 처음으로 한글을 익혔고 30개월에 전문 기관에서 영재 판정을 받았으며, 7세 때부터 독학으로 영어 · 중국어 · 일어 · 독일어 등 15개국 언어를 깨쳤으며 8세 때는 카이스트 영재교육원에 최연소로 입학했다. 두 살 위의 누나 지연이 역시 5세 때 영재 판정을 받았다. 그 아래로 두 동생이 또 있다. 그가 15개국 언어를 익히게 된 연유는 자신의 천재적인 측면이 절대적이었지만 아버지의 눈물겨운 교육 열정이 듬뿍 담겨 있다. 아버지는 대학 근처도 가보지 못했다. 어려운 가정 형편에 중학교를 마친 후 사회에 진출했고 이후 어렵게 검정고시로 고등학교 학력을 인정받았다.

그런 아버지가 천재 아들의 능력에 맞게 사교육을 시킨다는 것을 꿈같은 이야기이다. 건설 현장에서 전기공으로 일하며 여섯 식구를 책임져야 하는 그에게는 그럴 만한 경제적 여유가 없었다.

주변 사람들은 아이가 영재라서 좋겠다고 했지만 취학 전부터 영어로 일기를 쓰는 아들이 생일 선물로 《기하학 원론》 13권짜리 세트를 사달라는 바람에 할 말을 잊었다. 이 아이를 어떻게 돌보아야 할지 당혹스러웠다.

영재도 키우기 나름이다

아무리 뛰어난 영재라도 10년이라는 기간 동안 충분히 잠재 능력을 키워주지 않으면 결국 평범한 아이로 돌아간다는 전문가의 조언이 마음을 아프게 하였다. 가난한 아버지는 아들을 위해 해줄 수 있는 것이 무엇인지 고민하면서, 더 나은 공부 환경을 만들어 주려고 무던히도 애를 썼다.

처음에는 무조건 동네 서점으로 아들을 데리고 가서 서점 마감 시간까지 책을 읽게 했다. 아들이 책을 통해 유난히 흥미를 보이는 주제가 있으면 관련 주제를 다루는 무료 강연장을 찾아갔다. 아들의 일기장에 그날 읽고 배운 걸 쓰도록 했다. 또 그 일기장 내용을 소재로 끊임없이 대화를 나누었다. 그의 교육 방법 중 무엇보다 홍

미로운 대목은 '문장형 말하기'이다.

어린 시절 청각장애인 부모님과 몸짓만으로 대화를 나누어야 했던 그는 '완벽한 소통'에 대한 갈증을 느꼈다. 이러한 갈증은 가정을 꾸리고 나서 아이들 언어 교육에 대한 특별한 관심으로 이어졌다. 아버지는 아들의 유아기부터 정확한 단어로 아들과 대화를 나누었다. 그렇게 하면서 아들이 문장형으로 말하도록 이끌었다. 아들이 '물'이라고 말하면 '목이 말라서 물을 달라는 말이니?'라고 되물었다. 그렇게 함으로써 자연스럽게 문장을 익히도록 이끌었다. 이러한 노력이 아들의 언어 발달에 도움이 되었다는 것을 나중에 전문가를 통해 알았다.

재형이가 똑똑하게 성장하는 데는 아버지의 노력만 있었던 것이 아니다. 아이가 한동안 슬럼프에 빠졌을 때 어머니는 아들의 고민을 들어주는 친구가 되었다. 재미있는 놀이를 통해 아들이 새로운 자극을 받도록 이끌었다.

남다른 사랑과 관심

재형이는 언어 잠재력이 뛰어난 아이라는 점만은 분명하다. 그러나 영재 아들에게 알맞은 교육을 시키기 위하여 동분서주하는 아버지와 어머니의 남다른 사랑과 열정, 관심이 없었다면 그는 지금처럼 똑똑한 아이로 성장하는 일이 가능하였을까?

거기에는 아버지의 지극한 사랑과 눈물겨운 노력이 담겨 있다. 지능검사 결과 재형이는 좌·우뇌의 활성도가 매우 높은 영재로 판명되었다. 아들의 성장 과정에 따라 어떻게 교육시키느냐가 관건이다.

재형이에게 서점을 놀이터로 만들어 주고, 아들이 읽고 싶어 하는 책을 제때에 안겨주고, 아들에게 알맞은 영재교육을 시키기 위하여 리어카를 끌고 동서남북을 가리지 않고 헌책방을 찾아다닌 아버지의 사랑과 열정이 없었다면 영재는 제 빛을 발산하지 못했을 것이다.

이렇게 행복하고 똑똑한 어린이로 성장하는 과정에는 영재를 더 똑똑한 영재로 만들어 주려는 아버지의 땀과 사랑이 고여 있다.

재형이가 영재로서 제대로 성장하는 과정에는 똑똑한 머리 때문이 아니라 이러한 부모의 보살핌이 있었기 때문이다. 일방적으로 공부하라고 강요하거나 닦달을 하는 방식의 자녀 교육법이 아니라 감동과 희망을 안겨 주는 사랑과 지혜가 뒷받침하고 있다.

재형이는 일반 사람들이 평생에 한 번 들을까 말까 하는 문자를 술술 읽어내려 간다. 그 모습을 지켜보던 주변 사람들 입에서 탄성이 쏟아졌다.

재형이가 읽을 수 있는 언어는 영어 · 독일어 · 일본어 · 중국어 · 스페인어 · 이탈리아어 · 러시아어 · 베트남어 · 미얀마어 · 터키어 · 이집트 상형문자 · 로마어 · 인도네시아어 · 필리핀어 · 크로아티아어 · 네덜란드어 등이다.

"재형아! 너는 어떻게 그걸 또박또박 읽을 수 있니?"

"그냥 읽어요. 책에 나와 있는 발음기호랑 철자 읽는 방법을 몇 번 읽고 나면 저절로 말하게 돼요."

재형이가 날마다 쓰는 일기에는 중복되는 내용이 많다. 보고 느낀 것을 쓰기 때문이다. 느낀 것, 기쁜 것, 좋은 일, 슬픈 일도 쓴다.

또 하고 싶은 이야기나 앞으로의 계획을 글이나 그림으로 담아 놓는다. 그의 일기장은 그가 마음대로 뛰어놀 수 있는 놀이터이자 정다운 친구인 셈이다.

장학재단서 후원

초등학교 2학년 영재 김재형은 늦잠을 즐긴다. 새벽까지 책을 읽다가 잠을 자기 때문이다. 책을 읽지 않고는 못 견디는 책벌레, 일주일에 3번은 카이스트 영재원에서 수업을 받아야 하고 꼬박꼬박 학교에도 가야 하니 늘 잠이 모자란다.

그래도 재형이는 초등학교 수업도 카이스트 수업도 즐겁고 재미있기만 하다. 발명가가 되고 싶다며 책을 볼 수 있는 곳이면 어디든 좋아한다. 검정고시로 고졸 학력을 따낸 아버지김정호는 가르쳐 주지 않아도 책만 있으면 뭐든 척척 깨우치는 아들이 신기하고 고맙기만 하다.

하지만 문제는 나날이 비어 가는 통장, 책값에 생활비 감당에 못 견디다가 아버지는 물론 어머니까지 신용불량 상태가 되고 월세방을 전전하며 살고 있다.

재형이는 수천 명 중 겨우 한두 명만 갈 수 있는 명문 대학 카이스트 부설 영재원을 다니는 초등학생이다. 그런 재형이의 유일한 소원은 읽고 싶은 책을 마음대로 읽는 것. 하지만 부모는 그 작은 소원을 들어주기가 어렵다. 학비 감당이 막막하던 부모에게 얼마 전부터 한 장학재단이 재형이를 후원하고 있다.

수학 천재 연예인 김정훈

고난도의 문제도 척척

| 김정훈(자료 : SBS)

가수 겸 배우 김정훈은 연예인으로 활약하면서 수학 천재의 면모를 유감없이 발산하고 있다. 그는 종편 TV 예능 프로그램 '문제적 남자'에 출연하여 화제를 모았다. 출연자들이 보고 싶은 게스트 1위이자 제작진이 3년 간 공들인 끝에 TV 무대로 끌어들였다. 김정훈은 먼저 3년 동안이나 계속되는 출연 교섭에도 사절했던 이유에 대해서 이렇게 실토하였다.

"이 프로그램을 재미있게 보고 있는 시청자인데 너무 겁이 났다.

잘하는 사람이 많다. 주변에서 계속 출연을 권유했는데도 고사하면 이 프로그램은 없어지겠지 하는 생각을 했다. 그런데 오래 하더라." 평소 수학에 관심이 많은 김정훈은 과거 일본의 한 수학 예능 프로그램에 출연해 1위를 해 화제를 모았던 일이 있다. 그는 "한국 대표로 참가해서 1등을 했다. 교수들이 평가해 주는 가장 아름다운 답으로 1등을 했다."라고 뿌듯함을 드러냈다.

경남에서 1등, 서울대 입학

그는 초등학교 때부터 유별나게 수학을 잘했다. "초등학교 고학년부터 중학교 때에는 많은 학생이 '수학은 어렵다'거나 '까다롭다'며 포기하는 경우가 많은데, 수학에 관심을 가지면 재미있어진다."라고 자신의 경험을 밝혔다. 그는 학창시절 성적표도 공개하였다. 서울대학교 치대 입학에 대해서 "공부를 잘하기보다 좋아했다."라고 밝혔다. "전교에서 1등을 했는가?"라는 질문에 "경남 진주시에서는 1등과 2등을 오갔다. 그리고 경남 전체에서도 1등을 두 번이나 해봤다."라고 털어놓았다.

그는 전국모의고사에서 67등을 했다. 특히 수학 사랑이 돋보였다. 수학 1등을 놓친 적이 없는 성적표와 중국 드라마 촬영 중 발간한 수학 에세이도 화제였다. 우울증을 수학으로 극복한 경험담도 들려주었다. 또 남다른 취미를 공개했다.

"숫자를 떠올리면 사랑스러울 때가 있었다. 예전에는 차 번호판을 보고 수식을 만들기도 했다. 공상을 좋아했다. 고2 때는 학업의 부담감 때문에 우울증을 앓은 적이 있었다. 그때는 삶의 의미를 느끼지 못하여 괴롭기만 하였다. 극복이 아니라 도피였다. 친구들과 어울리지 못하고 밥도 혼자 먹을 때가 많았다. 심한 우울증이 왔는데, 자율학습 시간에 수학 문제를 풀 때 비로소 나로 돌아오는 것을 느꼈다. 자아를 잃어버렸다가 찾을 정도로 수학이 좋았다."

실제로 그는 TV 출연 중에서도 문제를 막힘없이 풀었다. 고난도의 수학 문제를 자신만의 수식을 통해 단숨에 풀어내며 수학에 강한 면모를 보여주었다. 그때 모두가 "수학자 같다.", "과연 척척박사다."라며 찬사를 보냈다.

"공부가 제일 쉽더라"

그는 또 다른 TV 예능 프로그램 '라디오스타'에서는 "공부가 제일 쉽더라."라고 말했다. 이 프로그램에서 그는 공부의 신을 주제로 서울대학교 출신인 서경석, 강성태, 심소영이 함께 출연해 입담을 자랑하였다. 이 방송에서 그는 널리 알려진 '김정훈 천재설'에 대해서 해명하는 모습을 보였다.

그는 "너무 똑똑해 보이는 이미지가 싫어서 집에서 혼자 바보 연기를 연습한다."라고 밝혀 눈길을 끌었다. 그러면서 실제로 맹구와 영구를 흉내 내며 실감 나는 바보 연기를 선보였다.

출연자들은 바보 연기까지 연습한다는 김정훈을 보면서 의아하게 여겼지만 그는 "나는 천재가 아니다. 내가 천재가 아니라고 생각하는 이유로는 보통 천재들은 한두 가지만 잘하는데 나는 두루두루 잘한다."라고 천연덕스럽게 말하였다. 김정훈은 "수학만 잘하는 친구들은 그 분야에서 월등함을 드러내지만 나는 성적을 잘 받기 위해 두루두루 다 잘했다."라고 말하며 아쉬움을 나타냈다.

그는 혼자만 재미있는 아재 개그를 선보이며 일반 사람과는 개그

코드조차 다른 듯한 모습을 보였다. 특히 김구라의 본명인 김현동을 빗대는 듯 "현재 사는 동네는 논현동, 고향 진주에서 살던 동네는 이현동, 우리 형은 김현동이다."라고 말해 출연진들을 당황시키는 순발력을 보여주었다. 그는 한 예능 프로그램에서 가수 유희열의 이름을 이용해 '너 여기 앉아'를 영어로 "유 히얼You here"이라고 말해서 큰 웃음을 자아냈던 일이 있었다는 일화도 소개하였다.

데뷔 17년 차의 연예인

김정훈은 지금 데뷔 17년 차의 배우이자 연예인이다. 그가 서울대 치대를 다니다가 연예계로 진로를 바꾼 사연은 막상 치대에 들어가 보니 적성에 맞지 않았다. 공부가 싫어지고 진짜 하고 싶은 공부는 따로 있었다. 그래서 전과를 하려고 생각하고 있을 때 연예계로 빠져들었다.

그러나 "서울대 중퇴에 대해 후회는 하지 않는다. 다만 너무 좋은 학교였고 또 훌륭한 학과였기에 중퇴한 것이 아깝다는 생각이 든다."라고 털어놓았다.

그가 진짜로 하고 싶었던 공부는 우주물리학이나 자연과학 쪽이었다. 물리학과 수학적 측면으로 우주에 대해 접근하는 연구를 하는 것이 어릴 때의 꿈이었다.

배우로 데뷔한 그는 다시 가수의 문도 두드렸다. 가수 쪽에는 연결고리도 없고 꿈을 지녔던 것도 아니다. 우연한 기회에 제의를 받았고 서너 차례 연속으로 권유를 받은 끝에 가수가 되었다.

그는 장차 연예 교수가 되고 싶다며 영어, 일어 등을 공부하는 데 열중하고 있다.

핵물리학자 꿈꾸는 이세웅

수학 천재의 학습 비결

전북과학고 출신 이세웅은 핵물리학자를 꿈꾸며 미국으로 떠났다. 그는 고3 시절 수능시험과 내신 · 유학 준비에 매달리면서 시간 관리에 상당한 공력을 기울였다.

"다른 사람이 가지 않은 길을 헤쳐 가는 일은 쉽지 않다. 무수한 시행착오와 맞닥뜨려야 하고, 아무런 예고도 없이 불쑥 튀어나올 난관들 앞에서 가슴 졸이는 일이 많기 때문이다. 하지만 저만치에 종착지가 보이면, 그 성취감은 그 어떤 것과도 바꿀 수가 없다."

서울대 핵물리학과 1학년 때 미국의 명문 대학에 잇따라 합격했다. 그가 동시 합격한 대학은 버클리대학 · 아이비리그인 브라운대학 · 일리노이 어바나대학 · 위스콘신대학 · UCLA · 미시간대학 · 버지니아대학 · 노스웨스턴대학 · 웨슬리안대학 · 카네기멜런대학 등이다.

그 가운데 버클리대학을 선택했다. 미국 유학생 10만 명 시대라지만 그의 경우는 척박한 환경 속에서 가족과 지도교사의 지도에만 의지한 채 묵묵히 새로운 길을 개척했다는 점에서 남다른 관심을 모았다.

| 이세웅(자료 : 전북일보)

전북과학고의 경우 미국 명문 대학에 직접 진학한 졸업생은 2003년 프린스턴대학에 진학한 권영대가 유일했다. 그로부터 4년 만에 이세웅이 바통을 이었다. 더욱이 그는 미국 땅을 한 번도 밟아본 적이 없는 '토종'이다.

그는 "중학교와 고교 시절 시간을 쪼개 여러 분야를 준비하는 데 적지 않은 노력을 들였다."라며 지난 일들을 털어놓았다.

도전 정신으로 유학 준비

"미국 유학을 준비하면서 지방 학생이라 불리할 것이라는 생각은 한 번도 하지 않았다. 인터넷이 발달해 정보 접근이 그다지 어렵지 않았다. 도전 정신으로 유학 준비를 하였다."

농협에 근무하는 아버지를 따라 초등학교 4학년 때 광주에서 전주 효림초등학교로 전학하였다. 우전중을 거쳐 전북과학고에 입학했다. 그가 유학을 결심하게 된 이유는 우전중 3학년 때 읽은 책과 아버지의 조언 때문이었다.

"초등학교 때부터 독서를 좋아했는데, 한 과학 관련 만화책을 통해 핵융합 발전에 대해 알게 되었다. 핵융합 발전은 방사능 유출 등 환경오염도 없는 거의 완벽한 에너지 발전이라는 점을 알게된 것이다. 그때 무작정 서울대 원자핵공학과 교수님들에게 이메일을 보냈는데 한 교수님이 답장을 주셨다. 그때부터 핵물리학을 평생 전공으로 삼겠다는 결심을 하였다. 또 어차피 유학을 떠날 생각이면 조금이라도 일찍 떠나는 게 나을 것이라는 아버지의 조언도 컸다."라고 말했다.

반복과 반복… 선택과 집중

그는 우전중학교 때 이미 미국 유학을 꿈꾸었고, 전북과학고 입학한 이후 미국 유학의 꿈을 굳혔다. 무엇보다 영어 공부에 집중적으로 매달렸다. 이미 중3 때 토플 성적이 300점 만점에 233점을 받았다. 그때는 상당한 수준이었지만, 거침없이 영어를 구사하는 외국 체류 경험자들에 비해선 아직도 부족하다는 생각을 가졌다. 그가 택한 영어 공부 비법은 '반복'과 '반복'이었다.

"40권짜리 영어 소설 전집을 구매해 처음에는 이틀에 한 권씩 읽기를 반복했다. 그리고 소설책을 모두 읽고 내용을 이해하는데 2년 정도 걸렸다. 영어 신문도 꾸준하게 읽었다. 원서를 읽을 때 모르는 단어가 많았다. 그러나 모르는 단어를 찾는 데 주력하기보다는 문장의 전체적인 흐름을 이해하는데 많은 시간을 보냈다. 회화 공부는 인터넷 회화 사이트를 이용했다."

또 수학경시대회에 참가하는 일도 소홀하게 하지 않았다. 고교 2학년 때는 한국수학올림피아드KMO에서 은상을 차지하는 등 여러 대회에서 입상하면서 실력을 쌓았다.

동아리 활동과 봉사 활동도 빼놓을 수 없다. 교내 클래식 동아리와 신문 동아리에서 활동했다. 고3 때는 코피언이라는 세계청년봉사단의 일원으로 러시아를 찾아가 우슬리스크 고려인들의 정착을 지원했었다. 단순한 봉사 활동에 그치지 않고 '앞으로 어떻게 살 것인가?'를 되새겨 보는 계기로 삼았다.

그가 미국 대학에 들어가기 위해 선택한 전략은 선택과 집중이었다. 학교 공부와 고교에서 심층 공부를 통해 대학 학점을 미리 따는 AP 시험 제도에 주력하였다. 그러나 시간이 절대적으로 부족했다. 3학년 때에는 AP 시험에 본격적으로 대비했는데 수학 · 물리 · 화학 등이 포함된 SAT II는 2400점 만점을 받았지만, SAT I 는 2400점 만점에 2080점으로 상대적으로 낮았다. AP 10과목 가운데 6과목에서 5.0 만점을 받아 우수상을 받으며 성적을 쌓았다.

빈틈없는 시간 관리

어릴 때부터 수학 과목을 무척 좋아했다. 초등학교 4학년 때 교내 수학경시대회에서 2등을 차지하면서 수학에 자신감을 얻었다. 미국 대학에 지원하는 과정에서 그 동안의 수학 성적이 큰 도움이 되었다.

무엇보다 시간 관리에 신경을 썼다. 1년 단위, 일주일 단위로 계획표를 작성하고 이를 지키기 위해 최선을 다했다.

"디지털 다이어리를 구매해 하루에 해야 할 일, 일주일에 끝내야 할 목록을 정하고 계획대로 시간을 보냈다. 최대한 낭비하는 시간을 없애려고 노력했다. 그런 노력이 한 달씩 일 년씩 쌓이면서 결국 장기적인 목표를 달성할 수 있었다."

그의 고교 성적은 전체 46명 가운데 10위 안팎으로 4.0 만점에 3.8점, 수능 점수는 450점 안팎이었다. 여기에 자신이 희망했던 미국 대학의 합격 통지서까지 받아 행운이 겹쳤다.

이과 출신 가운데 상당수가 의대 진학을 염두에 두고 있었지만 그는 처음부터 의대 진학은 생각하지 않았다. 앞으로 세계적인 핵물리학 과학자로 성장해 우리나라의 에너지 부족 문제를 해결하고 싶었고, 어디에 가든 전북 출신이라는 자부심을 잃지 않겠다고 다짐하였다.

제2장

기발한 발상

'바둑 소녀' 이수정의 공부법

13개 명문대학 동시 합격

| 이수정(자료 : 조선일보)

유치원 때부터 아버지의 바둑을 어깨 너머로 보고 배운 어린이가 마침내 '바둑 소녀'가 되어 공부에 집념과 끈기를 붙여 미국의 유명한 대학교 13곳으로부터 동시 합격 통지서를 받아 화제를 모았다. 화제의 바둑 소녀는 용인 외국어고교의 이수정이었다.

아마추어 소녀 기사이기도 한 그는 한국외국어대학교 용인 캠퍼스 부설고교 3학년 때 미국의 컬럼비아대학 · 펜실베이니아대학 · 코넬대학을 포함하여 듀크대학 · 노스웨스턴대학 · 카네기멜런대학 · 미시간대학 등 명문 대학교 13곳에 동시 합격하는 영광을 차지했다.

그는 언론과의 인터뷰에서 당당하게 밝혔다.

"내가 외국 명문대학 13곳에 동시 합격할 수 있었던 비결은 바둑이었다. 바둑판이 나의 공부를 이끌어 준 스승이나 다름없으니까. 바둑을 통해서 탐구하는 지혜를 얻고 신중함을 키웠다. 그 지혜와 신중함이 공부의 밑바탕이 되었다."

8세 때부터 지금까지 자신의 생활에 가장 큰 영향을 준 것이 바로 바둑이라고 단호하게 밝혔다. 바둑이 초등학교부터 고등학교까지의 공부에 많은 도움을 주었고, 대학입시에도 큰 도움이 되었다는 이야기이다.

고교 1학년 때 국가대표로 유럽 바둑선수권대회에 출전했고, 이듬해 세계청소년바둑대회에서 6위를 차지했다. 고교 3학년 때인 지난해 한국기원 공인 아마 4단에 올랐다. 이수정의 이러한 활동은 그가 입학원서를 제출한 모든 대학교마다 주요한 이슈로 꼽는 계기가 되었다.

바둑은 나의 스승

이수정은 "아마도 외국에서는 보기 드문 활동이라 입학 사정관의 눈에 띄었나 봐요. 바둑을 통해 삶의 지혜를 얻은 경험을 잘 풀어낸 것이 더 큰 요인 같아요."라고 분석하면서 이렇게 말했다.

"처음 바둑을 둘 때는 상대가 돌을 놓자마자 1초도 안 돼 맞받아 돌을 놓았다. 그런데 바둑에서는 한 번 돌을 놓은 다음에는 되돌릴 수 없다는 것을 배웠다. 그렇게 성급하게 놓은 돌이 결국 화근이 되고 대국에서 지는 패인이 되는 것을 알았다."

"바둑을 통해 다시 생각해 보고 꼼꼼하게 살펴야 한다는 지혜를 얻었다. 나중에는 모든 행동에 신중을 기하기 시작했다. 어떤 일이든 계획을 세우는 습관이 생겼고 차분하게 대처해야 한다는 이치를 깨달았다. 대국 한 판에 3시간이 걸리는 경우도 있었다.
초등학교 때부터 오랜 시간 동안 진득하게 앉아 집중하는 훈련을 쌓았다. 그런 끈기가 바로 공부에 그대로 적용되고 끝까지 파고드는 저력이 된 것이다. 그래서 바둑은 나의 스승이라고 생각한다. 바둑을 통해 배우고 깨달은 사고思考의 집념과 끈기의 지혜는 귀하고도 소중한 경험이었다."

바둑으로 탐구력 키워

이수정은 바둑이 공부에 도움이 되었다는 사실을 구체적으로 설명했다.

"학교의 여러 교과목 중에서도 특히 수학, 과학에 도움이 됐다. 바둑을 알기 전에는 수학이나 과학적 감각이 좋지 않아 흥미도 없었고 관심도 별로였다. 그런데 바둑을 시작하면서 상황이 달라졌다. 바둑돌 하나하나를 놓아 가는 사이에 몇 수 앞을 미리 바라보는 눈이 트이고, 수를 상상하는 연습을 거듭하는 지혜가 생겨났다.

그런 과정에서 공간을 다스리고 확보하려는 지각력과 수리력이 발달하고 있다는 걸 스스로 느낄 수가 있었다. 어렵게만 여겨졌고 싫어했던 수학과 과학 과목이 좋아지는 것이었다. 그건 참으로 신통한 일이었다.

그뿐만 아니다. 좋아하게 되니까 재미가 붙고 실제로 성적도 쑥

쑥 올라갔다. 꿈 같은 일이다. 대학교는 공과대학 계열로 진학하여 응용수학이나 화학생물공학을 전공하겠다는 꿈이 생겼다. 바둑이 아니었다면 이런 적성을 발견하기 어려웠을 것이다."

3,000권 읽은 독서왕

그가 저명한 여러 대학으로부터 동시에 합격 통지서를 받은 이면에는 바둑 실력 외에도 합격 요소가 많았던 것으로 알려졌다. 공통된 점은 여러 대학이나 현대 사회에서 필요로 하는 융합형 인재, 맞춤형 학생이라는 점이다.

어릴 적부터 책을 좋아해 초등학교 때 학교 도서관에 있던 3,000여 권의 도서를 거의 다 읽은 엄청난 독서왕이었다. 교육청 소속 창작영재원에서 5년간 꾸준히 다양한 글쓰기 수업을 받았다.

초등학교 때부터 고급 영어를 구사하고 싶다는 욕망이 무척 강했다. 영어 단어 책은 눈에 띄는 대로 사서 들고 다니며 틈날 때마다 외우는 데 주력했다. 밥을 먹을 때도 단어 책을 보면서 중얼거렸고, 등하굣길에서도 들고 다니며 외웠다.

바둑으로 닦은 학구열은 수학 · 과학대회에서도 뛰어난 성적으로 이어졌다. 하버드 – MIT 수학대회 2015년 개인 33위, 국제환경탐구 올림피아드 한국 1위, 국제표준 올림피아드 우수상, 국제환경공학 응용학회 최우수 논문상에다가, '탄성포장재 조성물' 특허 출원 등록 등 여러 가지 진기한 기록들을 갖고 있다.

'바둑 소녀' 이수정이 외국 13개 대학에 동시 합격한 이야기와 함께 그가 3,000권의 책을 읽은 독서왕이라는 사실이 알려지면서 인공지능 시대 맞춤형 인재라는 평가를 받고 있다.

이런 흐름은 인공지능 알파고와 바둑기사 이세돌 9단의 역사적인 5국 대국이 '최후의 멋진 한판'이었다고 화제를 모은 뒤 인공지능 문제가 널리 회자하면서 일어난 상황이다.

바둑은 인간이 만든 여러 경기 가운데서도 유독 두뇌를 가장 많이 사용하는 경기라는 평을 받는다. 많은 사람이 인공지능이 인간을 이미 능가했지만, 바둑만큼은 쉽게 능가하지 못할 것이라고 예상하고 있었다. 그런데 인간 최고수와의 바둑 대국에서 승리를 차지한 알파고는 바둑에서 인간을 이긴 최초의 인공지능으로 정보기술 역사에 이름을 남기게 된 것이다. 여기서 인공지능 맞춤형 인재 이야기가 회자하고 있는데, 이수정이 바로 그런 영재 중의 한 사람이라는 말이다.

경쟁 시대, 독서는 필수

경쟁 시대에는 '독서가 필수'라고 뇌과학자들은 말한다. 어린 시절 책 읽기가 중요한 것은 영·유아 때 인간의 뇌가 폭발적으로 성장하기 때문이다. 생체학자들은 성장곡선으로 볼 때 갓난아기의 두뇌 중량은 성인의 25% 수준이지만 1세가 되면 50%, 3세 때는 75%, 6세 때까지 성인 중량의 90%에 도달한다. 이 시기를 결정적인 시기라고 보고 있다.

실제로 어린 시절부터 동화책을 비롯하여 여러 가지 책을 많이 읽으면서 자란 학생들의 두뇌 계발이나 지능 발달이 독서하지 않은 학생들보다 훨씬 앞선다는 연구 결과가 2015년 신시내티 어린

이병원의 존 휴튼 박사팀에 의해 밝혀지면서 세계적인 관심을 모았다.

영·유아기뿐 아니라 모든 연령에 걸쳐 독서는 중요하지만, 특히 뇌의 외형적 발달이 거의 완성돼 성인과 같은 수준이 되는 만 12세 무렵까지는 독서 습관을 꼭 들여야 할 '골든타임'이라고 전문가들은 설명한다. 이 나이는 초등학교 5~6학년에 해당된다. 이 시기에 이수정은 바둑을 배우고 독서를 하면서 지능을 스스로 계발하고 발전시키는 훈련을 거듭한 것이다.

전문가들은 "인공지능이 가져올 미래에 대한 두려움마저 커지고 있는 현대 사회에서는 독서와 같은 학습 과정을 통해 인간 고유의 딥 러닝Deep Learining을 해야 미래에 살아남을 기초 지력과 체력을 다질 수 있다."라고 말한다.

실제로 대표적 뇌과학자들은 "현재 초·중학교 학생들은 미래에 어쩌면 기계와 경쟁해야 하는 첫 세대가 될 가능성이 크다. 그런데 이들을 인공지능이 도달할 수 없는 창의적·감성적 분야의 인재로 키우는 교육이 필수적"이라고 지적하고 있다.

그런 까닭은 인간이 인공지능에 비해 탁월하다는 것이 사실이다. 그런 현상은 시각뿐 아니라 오감을 통해 방대한 자극을 받아들이고 창의적으로 사고한다는 것 때문이다. 이 같은 장점을 살리기 위해서는 독서를 통한 뇌 발달이 필수라고 지적했다.

파킨슨병 진단의 길을 연 이진형

의대 안 가고 공대 진학

파킨슨병 진단과 치료에 전기회로 개념을 도입해 획기적인 성과를 이루어낸 미국 스탠퍼드대학 이진형 교수는 한국인의 두뇌를 세계에 빛낸 자랑스러운 여걸이다.

| 이진형(자료 : 연합뉴스)

이진형은 "할머니께서 2005년 뇌중풍뇌졸중으로 쓰러져 반신불수로 고생하시다 최근에 돌아가셨어요. 뇌의 작은 혈관 하나가 터졌을 뿐인데 도저히 믿을 수 없었어요. 뇌과학에 좀 더 적극적으로 관심을 가지는 계기가 되었고, 의대로 가려던 꿈을 접고 공과대학으로 진학하게 되었지요. 지금 생각하면 100번 잘한 일이지요."라고 말했다.

결국, 할머니가 손녀의 진로를 바꿔 주고 그 길을 활짝 열어준 셈이다. 파킨슨병의 뇌 구조를 전기회로 도로로 만들어 파킨슨병과 난치성 뇌질환의 조기 진단 및 치료의 길을 열어 놓은 천재 소녀는 코리아를 넘어 지구촌 의학계의 큰 별로 주목을 받고 있다.

미국의 세계적 명문인 스탠퍼드대학교 교수인 그는 길게 자란 생머리카락이 가슴까지 내려와 외모만 보면 여전히 앳된 여학생 같다. 어느 신문과의 인터뷰에서 그는 솔직하게 밝혔다.

"나는 어엿한 교수인데도 주변에서는 교수를 도와 드리는 조교로 착각하는 외국인 교수가 많다."

스탠퍼드대학에서 행운

이진형은 서울대학교에서 전기공학을 전공한 뒤 미국으로 건너가 스탠퍼드대에서 이미징 테크놀로지로 박사학위를 받고 한국 여성으로는 처음으로 2012년 스탠퍼드대학교 공대 및 의대 교수가 동시에 된 인물이다. 2010년 미국 국립보건원NIH으로부터 '새로운 혁신가 상'을 받았고, 2012년 미국 간질병재단의 '간질 치료 프로젝트 상'을 수상하였으며, 2013년 알츠하이머협회 선정 '신新 연구자 상'을 받는 행운을 누렸다.

초등학교 3학년 때 막연하게 과학자 또는 공학자가 되고 싶다는 꿈을 지녔던 소녀였다.

> "노력과 열정으로 인간의 삶을 발전시킬 수 있는 일을 하고 싶었다. 그래서 자라면서 과학자나 공학도의 길이 진리를 탐구하고 새로운 것을 알아내는 데 기초가 된다고 생각했고, 의과대학으로 가지 않고 공과대학으로 들어갔다."

지능지수IQ 157로 일찌감치 천재라는 말을 들으며 자랐다. 수재들의 모임인 멘사 회원이었던 그는 서울대학교에 들어갈 때 천재소녀로 더욱 관심을 끌었다. 법대에 입학한 여자 수석과 0.8점 가량 차이가 났다. 그가 전기공학부에 지원하자 입학 면접 교수가 이상하다는 듯이 말했다.

"너는 어느 학과나 모두 입학이 가능한 성적이다. 그런 여학생이 왜 전기공학부에 가려고 하는가?"

"제 꿈을 펴고 싶습니다."

그의 대답은 간단했지만 무척 확고했다. 대학을 다니는 동안 이런 질문을 계속 받았다.

"공대 나오면 돈 많이 벌 수 없다."

"여학생이 남자도 힘들어 하는 전기 분야 일을 하려고 하는가?"

실제로 동기생들 상당수는 의대로 다시 진학하거나 사법시험에 응시했다. 부모도 처음에는 딸의 의과대학 진학을 원하며 그런 바람을 은근히 내비쳤다. 하지만 그의 의지를 꺾을 수는 없었다. "그래, 네가 하고 싶은 것을 해야지."라며 딸의 뜻을 존중했다. 그의 부모는 "너는 여자이니까 이렇게 해야 한다."라거나 "이런 사람이 되라."라는 말 대신에 "네가 하고 싶은 일을 하되 그 분야에서 앞서가는 사람이 되라."라고 격려했다.

무엇이나 할 수 있다는 자신감

"너는 무엇이든 할 수 있다는 믿음을 주신 부모가 많은 어려움을 이겨나가는 데 큰 도움이 되었다. 지금도 그 말씀이 고맙다. 자신의 꿈과 자신이 잘할 수 있는 것, 여기에 사회에서의 가치와 일치를 이루면 그보다 좋은 일은 없을 것이다." 그의 남동생도 같은 과 후배로 들어왔고, 지금은 미국에서 스타트업을 하며 꿈을 키우고 있다. 남매가 나란히 같은 길을 걸어간다.

그는 서울대학교를 졸업한 뒤에 스탠퍼드대학에 온 것을 행운으로 여긴다. 그렇게 여기는 까닭은 다른 학과와의 융합을 인정하고 밀어주기 때문이다. 바이오공학 교수가 신경과 교수들과 한 팀이 되어 의대 교수 직함까지 가졌으니 말이다. 공대와 의대 교수라는 두 가지 직함을 가진 연유도 스탠퍼드대학교가 진정한 융합을 강조하고 실천하기 때문이다. 자기 학과만이 최고이고 다른 학과를 존중하거나 인정하지 않는 의과대학 풍토에서는 쉽지 않은 일, 상상할 수도 없는 일이다.

그는 "물론 각자 생계를 이어나갈 직업을 찾는 것도 중요하지만 현재 한국 젊은이들은 꿈보다는 안정을 찾아가는 위주로 직업을 선택하고 있다. 개인의 선택과 무관한 사회적 어려움으로 인해 또 주변에서 더 많은 '권유'를 받아 현실과 타협하는 경우가 많아 참으로 안타깝다."라고 말했다.

그의 꿈은 뇌 회로의 이해를 통해 전자기기를 고치듯 난치성 뇌 질환들을 새로운 관점에서 좀 더 쉽게 고쳐 보자는 것이다. 그 꿈을 달성하기 위해서 또 한 번 도전하겠다는 강한 의지를 품고 있다.

"처음 하는 일은 모두가 반대"

미국 스탠퍼드대학교 생명공학과 이진형 교수는 공학, 의학, 생물학을 넘나드는 대표적인 '융합 연구자'로 꼽힌다. 서울대학교를 나와 스탠퍼드대학교에서 전기공학을 전공하고 박사가 되었지만, 지금은 신경학 및 신경과학을 연구하며 뇌의 신경세포인 뉴런을 자극해 뇌 질환을 치료하는 기술을 개발하고 있다.

어떤 새로운 연구를 시작할 때는 생각하지 못한 어려움도 많이 겪는다. 가장 큰 문제는 새로운 시도에 대한 주변의 저항이다. 모두 융합만이 살길인 것처럼 이야기하지만, 새로운 분야에 대한 사람들의 편견과 저항은 생각 이상으로 크고 뿌리도 깊다.

"내가 맨 처음 지금의 아이디어를 제안했을 때 주변 사람 모두가 반대했다. 하지만 내 생각에는 아무리 봐도 좋은 아이디어였다. 그래서 반대하는 사람들을 향해 걱정해 줘서 고맙지만 그래도 난 할 것"이라고 말했다.

처음 하는 일이라 모두가 반대하는 것은 당연한지 모른다. 그만큼 위험 부담이 많다는 이야기이다. 전기공학을 전공한 공학자가 뇌과학 연구를 하고 있다고 하여 의대 쪽에서는 물론이고, 주변 사람들도 쑥덕거린다. 물론 대학 교수들도 무척 흥미롭게 여기고 있다. 그가 말하는 흥미는 무척 신기하고도 놀랍다.

"사실 회로를 다룬다는 측면에서는 반도체나 뇌나 비슷하다. 인간의 뇌는 약 1,000억 개의 뉴런이 복잡한 네트워크를 이루며 서로 연결되어 있는 거대한 신경회로망이다. 수많은 뉴런이 신호 자극을 주고받으며 서로 커뮤니케이션하는 조직이 바로 뇌이다. 따라서 전기공학적으로 반도체 회로를 디자인하는 것이나 뇌 속의 복잡한 신경회로망을 연구하는 것이나 본질은 같다고 본다. 안타깝게도 우리들은 뇌의 회로가 어떻게 작동하는지를 잘 모르고 있을 뿐이다."

"뇌의 작동을 정확하게 알지 못하기 때문에 각종 뇌 질환에 대해서도 명확한 치료 방법을 갖고 있는 것이 거의 없다. 고령화 시대에 특히 노인성 뇌 질환이 사회에 미치는 파장은 실로 엄청나다. 바꾸어 말하면 비즈니스 측면에서는 어마어마한 시장 기회가 있다는 뜻이기도 하다."

미국 국립보건원에 연구 신청서를 냈고, 지원금을 받는 데 성공했다. 이후 UCLA 교수로 임용돼 그곳에서 프로젝트를 진행했고, 연구 결과를 《네이처》에 발표했다. 정말 재미있는 일이 벌어졌다. 《네이처》에 논문이 발표된 순간, 반대하던 모두가 '정말 좋은 아이디어'라며 칭찬하여 그 자신도 놀랐다.

"모든 새로운 일은 성과가 나온 후에는 다들 인정해 주지만, 처음에는 아무도 안 도와준다는 사실을 그때 깨달았다. 중요한 건 스스로 생각할 수 있는 자주적 사고를 지닌 사람이고, 확신이 생겼을 때 두려워하지 않고 뚝심 있게 밀어붙일 수 있는 자신감과 결단력이라고 본다."

융합 연구를 하게 된 이유

보통 뇌 연구를 할 때 생물학자들은 뇌 세포를 따다가 자극하면서 어떻게 반응하는지를 실험한다. 이런 접근 방법에는 근본적으로 한계가 있다. 뇌는 다른 신체 부분과 달리 복잡한 네트워크 구조를 지니고 있는 특수 조직이다. 세포 하나만 놓고서는 제대로 이해할 수가 없다.

또 공학자들은 뇌파를 기록하는 뇌전도 기기나 기능적자기 공명 영상 장치 등을 활용하여 뇌를 연구하고 있다. 그러나 이것 역시 높은 벽이 가로 놓여 있다. 결국 공학, 생물학, 의학 등 다양한 분야의 지식을 결합해야만 복잡하고도 특별한 뇌에 대한 수수께끼를 풀어낼 수 있고 뇌를 정확하게 이해할 수 있다는 것이 그의 신념이다.

그는 현재 생물학과 의학에 유전공학 기술을 접목해 뇌 회로의 각 단자를 조절해 가면서 뇌세포의 반응을 살펴보는 연구에 매달려 있다. 이런 과정은 쉽게 말해서 스마트폰을 가지고 이것저것 눌러 보고 조작해 가면서 어떤 신호 자극을 보냈을 때 어떤 반응이 나타나는지 살피는 것과 비슷하다.

그러나 뇌는 스마트폰이 아니기 때문에 마구 만져볼 수도 없다. 워낙 구조가 복잡하다 보니 정확하게 자극을 주는 것 자체가 힘들다. 그래서 유전공학 기술을 도입해 원하는 세포만 조절하는 기술을 개발하려고 노력하는 것이다.

뇌과학은 의학 분야에만 국한되지 않는다. 이미 미국의 세계적 글로벌 기업들도 이 분야에 관심을 두고 있다. 특정 브랜드 제품이나 광고에 대한 뇌의 반응을 살펴본 후 신제품 출시나 마케팅 전략에 반영하고 있는 것이다. 가령 졸음운전을 하고 있다는 걸 자동차가 먼저 감지해 경고를 해 준다거나, 기분이 우울할 때 스마트폰에서 기분 전환을 시켜줄 수 있는 콘텐츠를 제공해 주는 것이 바로 그런 사례이다.

이런 가상을 생각해 보자. 주의력이 흐트러질 때 알아서 뇌파를 조절해 집중력을 높여 주는 기계가 있다면 공부하기가 얼마나 편할 것인가? 이는 사물인터넷IoT보다 훨씬 진보된 개념이다. 일종의 '뉴로 IT Neuro - IT'라고 할 수 있다. 만약 외부 기기와 뇌가 직접 소통할 수 있다면, 사람의 생각만으로도 모든 것을 통제하고 조종할 수 있는 세계가 펼쳐질 것이다.

그는 "특정 공식에 따라 A, B, C 등 정해진 요소를 단순히 더하고 곱한다고 해서 융합형 인재를 만들어낼 수 있다고 생각하면 오산"이라고 강조한다.

융합형 인재가 무엇이라고 정의를 내리는 순간부터 그 테두리에 갇혀서 더 이상 발전할 수 없다는 것이다. 테두리를 부수고 경계를 허물려는 노력이 필요하다. 그는 개인적으로 세상에 천재는 없다고 생각한다.

"흔히 사람들이 천재라고 부르는 이들은 사실 '생각을 많이 하는 사람'일 뿐이다. 어떤 문제에 대해 생각을 많이 하는 사람은, 그것을 생각해 보지 않은 사람이 보기에는 천재적이다. 그건 수많은 사고의 결과물일 뿐이다."

'악바리 소녀' 박원희의 비결

철저한 필기광

박원희는 어릴 때부터 무척 '악바리'로 이름을 떨쳤다. 시험 때가 다가오면 2~3주 전부터 집중 공부에 들어가서 문제집을 과목별로 2~3권 정도를 풀었다.

공부 시간에는 선생님의 가르침을 토씨까지도 빠뜨리지 않고 연습용 노트에 적었다가 쉬는 시간에 정리 노트에 깔끔하게 정리하여 주변에서 '악바리 공붓벌레'라고 놀려댔다.

복습은 될 수 있는 대로 빨리하고, 예습은 철저하게 챙겼다. 수학은 문제집을 일단 많이 풀었다. 모르는 것이 있어도 무조건 답을 보지 않고 풀어 가는데 몰두했다. 그래도 모르면 답을 본 뒤, 다시 풀어 확인했다. 이해가 되지 않는 부분은 메모지에 적어 놓았다가 선생님께 물어보았다.

초등학생 시절에 고등학교 수준의 문제를 풀다가 풀지 못하여 새벽 3시까지 끈질기게 매달렸던 소녀가 수학경시대회에서 금상을 탔다. 정말로 지독한 악바리 근성이었다.

박원희는 고등학교 1학년 때에 반 편성 배치고사에서 1등으로 입학한 친구를 라이벌로 삼고 교과서를 10번 이상 읽고 어느 페이지에 어느 그림, 어떤 내용이 있는지 모두 외울 정도로 공부를 했다.

"잠깐 수학 전문 학원과 내신관리 전문 학원을 다녔는데, 학원 다니는 것보다는 혼자 공부하는 것이 더 효과적이었다."

공부방엔 사방에 책꽂이

박원희의 공부방은 좀 색다르다. 취학 전부터 공부방을 따로 꾸몄다. 문과 창을 제외한 모든 벽에 책장을 세우고 동화책, 만화책, 그림책, 위인전 등 읽을거리로 가득 채웠다.

취학 전에는 다른 어린이들처럼 유치원을 다니고 영어 회화도 조금 배웠고, 초등학교 때에는 바이올린, 피아노도 조금 익혔다. 특히 외국 서적의 그림 등을 눈여겨 보았고, 동화책, 위인전을 많이 읽었다.

일기는 날마다 썼다. 오늘 무슨 일을 했다는 생활 기록이 아니라 하루에 있었던 일, 보고 느낀 것들을 정리하는 일기였다. 초등학교 3학년부터는 한글과 영어 일기를 번갈아 썼다. 6학년 때에는 일본 만화책을 즐겨보았다. 그런 덕에 일본어 실력도 늘어 일기에 일본어가 등장해 3개 국어 일기장이 되었다.

중학교 1학년 때는 국어, 영어, 수학, 과학에 집중하였다. 어머니에게 물어보는 공부 방법 대신에 스스로 숙제하고 예습과 복습하면서 문제를 풀어 보는 학습 형식을 취하였다.

수학경시 대회에서 38점으로 꼴찌

수학이 가장 어려웠다. 수학경시학원에 다녔는데 첫 번째 경시에서 38점으로 꼴찌였다. 그러나 실망하지 않고 매달려서 중3 때는 놀라울 정도로 실력이 좋아졌다. 이때 교육청이 주관하는 '수학 과학교실'에도 참여하고 외고 진학에 목표를 두었다.

그러다가 우연한 기회에 외국 대학으로 바로 가자는 생각이 들어 뒤늦게 민족사관고교에 도전하기로 하였다. 이때가 중학교 3학년 7월이었다. 학교에서 요구하는 토플 점수를 턱걸이하여 간신히 넘어섰다. 전교 1등을 딱 한 번 놓쳤을 만큼 1등급이라 민족사관고교에 합격하였다.

민족사관고교에 들어간 뒤 또 한 번 놀랐다. 영어는 어느 정도 잘한다고 생각했는데 그게 아니었다. 영어로 진행되는 수업이 무슨 말인지 이해할 수가 없었다. 친구들이 하루에 끝내는 원서를 읽는데 2주일이나 걸렸던 것이다.

알든 모르든 무조건 원서를 읽기 시작하여 나중에는 1시간에 50페이지를 읽을 정도로 속도가 빨라졌다.

초－중－고교 때 어학연수를 각각 다녀 왔다. 초등학교 5학년 때 자체 어학연수로 3주 동안 미국 LA를 다녀 왔고, 중2 때는 시교육청 행사에 뽑혀 10일 동안 시애틀을 다녀 왔으며, 고1 때는 수학여행으로 2주 동안 미국 동부지역의 명문 대학을 둘러보았다.

"공부는 해야만 결과를 얻는다"

"전교 1등에 머물지 말고 대전광역시 전체에서 1등을 해 봐!"

유치원 때부터 어머니가 읽어 주는 동화책 이야기를 귀담으며 자란 박원희는 어머니를 '가정교사'처럼 여겼다. 중학 시절에 어머니로부터 '대전 1등에 도전해 보라'는 격려를 가슴에 담고 도전 의식을 키웠다.

고등학교 때 평소에는 4~5시간을 잠자고 시험 기간에는 1~2시간밖에 잠을 자지 않고 공부에만 매달렸다. 방학 때 집에 와 잠자는 모습을 본 어머니는 건강을 위해 공부를 덜 하라고 말렸다. 하지만 열심히 공부해서 천재 소녀로 우뚝 섰다.

민족사관고교를 2년 만에 조기 졸업하고 미국 하버드대·프린스턴대·스탠퍼드대·존스 홉킨스대·워싱턴대·미시간 주립대 등 10개 명문대를 동시에 합격한 17세 소녀의 공부법은 "하지 않고는 아무것도 이룰 수 없다."라는 것, 스스로가 개발하고 터득한 것이었다. 천재는 물론 타고 나야겠지만, 그 뒤쪽에는 자신의 부단한 노력과 숨어 있는 부모의 보살핌이 있다는 것을 박원희는 보여 주었다.

"어머니라는 거대한 존재를 다시 한번 느끼게 되었죠!"

3년 과정의 고교를 2년 만에 조기 졸업한 사실은 별로 대단한 게 아니다. 과학고교나 민사고교는 원래 그런 제도가 있으니까. 하지만 미국의 명문대를 10곳이나 동시 합격했다는 것은 실로 대단한 일이다. 물론 만점을 받았다는 것도 놀라운 일이다.

미국 명문 10개 대학 합격

대전 출신의 박원희는 "17세의 천재 소녀라는 말은 참 낯설고 민망해요. 천재 아닌 내가 진짜 천재들 속에서 눌려 기죽지 않으려고 열심히 땀 흘리고 뛰다 보니까 결과적으로 얻게 된 전리품일 뿐, 나는 좋아하는 가수가 TV에 나오면 열광하는 평범한 소녀"라고 털어놓았다.

박원희의 학습 비법을 궁금해 하는 사람들을 위해 대전 대덕청소년수련관이 마련한 대덕구민 아카데미의 일일 강사로 나섰다. 천재 소녀의 학습 비결을 들으려고 몰려든 600여 명의 주부와 청소년들로 빈자리 하나 없이 초만원을 이루었다. 이 자리에서 공부 잘하는 비법 세 가지를 밝혔다.

- 첫째, 목표와 계획을 세우라.
- 둘째, 공부할 때는 최대한 집중하라.
- 셋째, 공책 필기를 철저히 하라.

사실 원희는 첫째, 목표와 계획을 세우면 그 목표를 달성하기 위해 매진하였다. 시간 관리를 철저히 해서 자투리 시간이 낭비되지 않도록 체계적인 계획을 세우고 공부하였다. 다소 힘든 목표를 설정하고 잠자는 시간을 줄여서라도 그 목표를 이루려고 노력하였다.

둘째, 공부할 때는 최대한 집중하였다. 공부에 푹 빠졌다. 엄마들이 TV 드라마를 볼 때 옆에서 누가 말을 걸어도 관심 가지지 않는 것처럼 원희는 공부할 때는 최대한 집중하면서 철저하게 매달렸다. 특히 수업시간 선생님의 말씀 한마디도 놓치지 않으려고 노력했다.

셋째, 자기가 볼 수 있는 공책을 만들었다. 수업 시간에 선생님이 칠판에 적는 필기를 그대로 옮겨 적는 것이 아니라, 자기 나름의 언어와 때로는 만화로 재미있게 풀어서 정리했다. 나중에 공책 필기를 볼 때 이해하기 어렵고 딱딱한 말들이 아니라 자기의 친숙한 언어로 기록해 놓았기 때문에 이해하기가 쉽고 간편하였다.

무조건 암기만 하고 선생님이 가르치는 것을 수동적으로만 받는 것이 아니라 스스로 묻고 답하고 설명하는 능동적인 공부 방식으로 파고들었다. 교과서 내용과 선생님의 가르침을 자신의 것으로 만들었다. 학생들이 어려워하는 영어와 수학 공부에 대해서도, 영어는 영어 일기를 쓰고 단어를 외울 때도 무조건 암기가 아니라 어근과 어미를 나눠 이해하면서 배웠다. 수학도 공식을 무조건 외우는 것이 아니라 그 풀이 과정을 이해하는 데 주력하였다.

박원희는 10개 대학 중에서 하버드대학교를 선택하였다. 대학에서 생물학을 전공해 불치병을 막는 신약 개발을 해 많은 사람에게 도움이 되는 꿈을 안고 있다. 또 다른 꿈은 한국 최초의 노벨과학상 수상자가 되는 것이다.

박원희는 미국으로 떠나기 전에 이런 말을 하였다.

"공부를 잘하는 비결은 스스로 공부하려는 의지와 함께 많은 노력을 해야 한다. 나는 이 정도밖에 안 된다는 생각을 하지 말고 꿈을 크게 갖고 하고 싶은 목표를 세우고 도전하라. 나는 마법학교로부터 입학 통지서를 받은 해리포터가 된 기분이다. 공부하지 않아도 성적 잘 나오는 마법을 배우기 위한 것이 결코 아니라, 또 다른 공부와 본격적인 한판 대결을 펼쳐야 하는 심정이다."

천재 소녀 윤송이의 성공 신화

한국의 대표적 알파 여걸

윤송이는 서울과학고를 나와 한국과학기술원KAIST 전기공학과를 수석 졸업한 후, 미국 MIT에서 컴퓨터 신경과학 뇌 인지과학을 전공하고 한국인 최연소 공학박사 학위를 받으면서 주목을 받은 재원이다.

MIT를 졸업한 뒤 MIT 미디어 랩 연구원으로 활동하다가 귀국하여 맥킨지&컴퍼니와 와이더댄닷컴, SK 텔레콤 상무를 거쳐, 엔씨소프트 부사장 및 최고전략책임자 CSO사장를 지냈고, 현재는 엔씨소프트 CSO 겸 엔씨웨스트 CEO로 일한다.

미국의 월스트리트저널은 2004년도에 '주목할 만한 세계 50대 여성 기업인'으로 선정하였고, 세계경제포럼은 2006년도에 '젊은 글로벌 지도자'로 선정하였으며, 보아오포럼은 2007년도에 '차세대 지도자'로 지목하였다.

윤송이 사장이 엔씨소프트 창업자 겸 대표인 김택진과 만난 것은

2004년 3월이다. 윤 박사가 엔씨소프트의 사외이사에 선임되면서 서로를 알게 된 것이다. 그리고 2007년 11월 결혼하면서 부부 CEO로 더욱 왕성하게 활동하고 있다.

인간을 위한 디지털 기술 개발에 열정

윤송이는 지금 엔씨소프트문화재단 이사장으로도 눈부신 활동을 편다. "인간을 위한 디지털 기술 개발이 저희 재단의 역할"이라고 강조한다.

"인간은 무너지지 않는다. 결코 부숴질 수 없다. 기술이 완전하지 않은 것이다."라는 휴허 교수의 말에 '깊이 공감한다'는 윤 이사장이 휴먼테크놀로지 어워드 2016 포럼에서 <인간을 위한 디지털 기술과 비영리 재단의 역할>이라는 주제 발표를 하여 관심을 끌었다.

이 포럼에서 윤 이사장은 휴허 교수를 사례로 꼽고, 고령화에 쓰이는 '입는 로봇'이라는 개념의 엑소스켈레톤 기술을 예로 들면서 "인간을 위한 기술 개발이 계속되어야 한다."라고 강조하여 공감을 불러일으켰다.

휴허 교수는 1982년에 암벽 등반을 하다가 두 다리를 잃은 뒤 자신의 기계공학 지식을 살려 평생을 의족 개발에 매진했던 인물이다.

윤송이 이사장은 "엔씨소프트문화재단은 그런 흐름 속에서 다른 재단에서는 할 수 없는 일을 우리 재단에서 효과적으로 잘할 수 있는 일이 무엇일까? 고민하다가 우리의 온라인 기술을 접목시켜

소외 계층이나 지원이 필요한 계층에게 도움을 주는 일을 진행하게 되었다."라고 밝혔다.

사교육이 지나치다고 걱정하는 현실 속에서 학원에 갈 수 없는 지방 작은 도시의 어린 학생들에게 균등한 영어 교육의 기회를 줄 수 있는 '호두 잉글리시'를 개발하였다. 또 250만 명에 이르는 국내 장애인들의 실태를 파악하고, 그들 가운데서도 의사소통이 매우 어렵거나 심각한 수준인 장애인들을 위한 'AAC'를 내놓았다.

이러한 일들을 더욱 꾸준히 개발하고 발전시키고 일에 열정을 쏟고 있는 사람이 윤송이 엔씨소프트문화재단 이사장이다. 그의 신념은 "사회 공헌 활동에는 지속적이고 효율적인 지원이 계속되어야 한다. 이를 실천하는 데는 비영리 재단이 가장 적합하다."라는 것이다. 하지만 이런 일들을 재단에서 혼자 다 하기는 어렵고, 여러 곳의 학교와 학부모는 물론 정부 기관들과의 협업을 통해 만들어가야 한다는 것이 그의 생각이다.

'공부의 신'으로 화제

윤송이는 '공부의 천재'로 소문난 금나나 · 이정희 · 천정배 등과 함께 TV의 인기 프로그램 가운데 하나인 '강적들'에서 '공부의 신'으로 출연하여 화제를 모았다.

윤송이는 한 TV가 방영한 '카이스트의 천재 소녀'라는 드라마의 실제 모델로 인기를 끌었다. SK 텔레콤 최연소 임원 임용, 엔씨소프트 김택진 대표와 결혼 등으로 화제가 되었던 윤송이 사장은 자신의 천재 공부법으로 '다독과 호기심, 철저한 시간 관리'를 꼽았다.

그와 함께 출연한 금나나는 2002년 미스코리아 진眞 출신으로 미국의 세계적 명문 하버드대학교와 MIT에 동시 합격하여 화제를 모았다. 하버드대학원 박사과정을 밟은 금나나는 '전형적인 노력파'라고 칭찬을 받은 천재 미녀이다.

이정희와 천정배는 서울대 출신의 정치인이다. 한국 정치계에서 '공부의 여신'으로 유명한 이정희 전 국회의원은 학력평가 전국 수석, 서울대 법대 입학, 서울대 총여학생회장, 헌정 사상 최연소 여성 당대표라는 화려한 기록을 세운 여걸이다. TV '강적들'은 이정희의 공부 비결로 '놀라운 집중력과 꼼꼼한 공부법'에 있다고 소개했다.

윤송이 · 금나나 · 이정희 · 천정배 등 각 분야별 공부의 신들이 보여준 공부법 핵심은 다른 것이 아니라 바로 다독과 꼼꼼한 학습 습관에 있다. 꾸준히 노력하고 복습을 통해 시간을 효율적으로 활용한 것이다. 그렇게 하여 좋은 결과를 얻을 수 있었다.

화려한 경력의 여성

윤송이 박사는 대기업 여성 상무, 한국인으로선 최연소 MIT 박사, 그리고 CEO로 미래 과학을 열어가는 천재이다. 화려한 경력, 겸손, 재치 있는 말솜씨, 귀염성 있는 용모 등 언론 매체가 좋아할 만한 조건을 두루 갖춘 재원이다. 그래서 그의 일거수일투족은 언론에 뉴스로 보도되고 있다.

"얼짱도 엄연한 한 가지 성공의 길이다."

| 윤송이(자료 : 조선일보)

윤 박사는 학생들에게 과학 교육의 중요성을 알리고 이공계 이미지를 심어 주는 데 주력하는 인물이다. 고시 합격이나 의대 진학을 최고로 여기는 사회 분위기에서 그는 이공계의 희망이요 샛별이다.

여자는 예쁘면 최고라고 말하는 사람이 남성 쪽에만 있는 게 아니라 여성 쪽에도 있는 사회이다. 여성의 사회적 역할이 커지면서 이런 인식에도 어느 정도 변화가 생겼다. 실력과 노력으로 사회적 성취를 이룬 여성으로서 '여자는 예쁘면 된다'는 사회 일각의 고정관념에 대해 "남성은 요리도 못 하고 빨래도 못 하고 애를 못 봐도 싸움만 잘하면 최고라고 할 수도 있지요. 여성도 마찬가지예요. 다른 것을 잘하지 못해도 예쁘기만 하면 시집 잘 가서 행복하게 사는 커리어 패스가 역사적으로 드러나고 있는 세상"이라고 말한다.

카이스트를 수석 졸업한 천재 윤송이는 인간과 기계의 대화를 중재하는 디지털 존재라는 〈감성을 가진 합성 캐릭터〉 논문으로 미국 컴퓨터공학협회ACM가 매년 전 세계에서 단 한 명을 골라 주는 최우수 학생 논문상을 받았다.

MIT에서 박사 학위를 받는 데 보통 6~8년이 걸린다. 그런데 윤

박사는 3년 6개월 만에 통과되었다. 초고속 열차나 마찬가지이다. 그렇게 집중하고 몰두하니까 박사 학위도 남보다 훨씬 빨리 딴 것이다. 머리만 좋은 사람보다 집중하고 몰두하는 사람이 더 빨리 성공한다는 것을 보여주었다. 스스로 천재형이라 생각하지 않는 천재, 집중하는 노력형이 아니라 무척 게으름을 많이 피우는 천재다.

어릴 때부터 과학에 관심

윤송이 박사는 서울 양천구 목동 단독주택에서 어린 시절을 보냈다. 1970~80년대 목동은 도시와 농촌의 중간 지대였다. 서울 쪽으로는 아파트 단지가 들어서고 반대편으론 논밭이 펼쳐졌다. 곤충채집을 하느라고 온종일 마을 뒷산을 헤매기도 하였다. 길을 잃지 않으려고 지도를 그려서 들고 다녔다.

길옆으로 늘어선 아카시 나무는 싱그러운 꽃이 피었다가 지면 하얀 꽃길이 생겼다. 봄바람에 실려 오던 아카시아 꽃향기를 맡으며 다녔다. 뒷산에는 잠자리, 사마귀, 무당벌레들의 낙원이었다. 여기저기 호박밭도 있었다.

아버지윤호식는 서강대에서 경영학 석사를 받았고, 산업은행에 근무하다 한국증권금융으로 옮겨 상무를 지내고 2002년 퇴임했다. 어머니이지수는 한글 서예가로 국전 심사위원을 지내기도 하였다. 그는 어머니에게서 예술적 소양을 물려받았다. 서예도 배웠고 바이올린 연주도 즐겼다. 카이스트 다닐 때는 그림 동아리 '그리미주아'를 만들어 활동했다.

어머니는 송이가 초등학교에 입학하기 전에 한국문학전집, 세계문학전집, 위인전을 사다 딸에게 주었다. 이런 책을 통해 에디슨, 아인슈타인, 퀴리부인 등 유명한 과학자의 이야기를 탐독하였다. 다른 위인들은 한 번씩 읽고 넘어갔는데 과학자 이야기만은 반복해서 읽고 또 읽었다. 윤 박사는 머리가 좋다는 소리를 들을 때마다 '그렇지 않다'고 부인하며 자랐다. 사실 그는 길눈이 어두운 편이다. 실제로 길눈과 지능과는 아무런 관계가 없다.

그는 1975년 크리스마스 다음 날인 12월 26일에 태어났다. 그때 눈이 많이 내려 온통 눈 세상이었다. 아버지가 첫딸의 이름으로 '눈송이'에서 '송이'를 따서 지었다. 여동생 하얀도 언니 뒤를 따랐다. 서울과학고를 나와 서울대 자연대 분자생물학과를 수석 졸업했고, 하버드대에서 박사과정을 마쳤다. 자매가 나란히 학교 동문이다. 그는 고등학교 때 수학과 물리 과목을 좋아해 대학 학부에서 전자공학을 전공했다. 그러다 뇌의 연구로 이어졌다.

"나는 공학도라서 여러 가지 가설을 세워 지능 시스템을 만들어 본다. 기억이나 연상을 이렇게 하면 해결할 수 있을 것이라는 가설을 세우고 접근한다. 가설에 맞춰 실제 시스템을 만들어 잘 작동하면 공학자로서 새로운 시스템을 또 하나 개발한 것이 된다."

초 · 중 · 고교 때 지능지수 검사를 해봤는데 학교에서 알려주지 않았다. 세 자릿수인 것만 알고 있다. 어머니는 알고 있는데 딸에게 끝내 말해 주지 않았다. 어머니는 딸에게 항상 같은 말을 해 주었다.

"항상 사람을 존경하는 마음으로 대하라. 누구에게나 다 배울 게 있다. 사람마다 관점과 처한 입장이 다르다는 것을 알고 있어라. 너에게 중요한 것은 상대방한테도 중요하다. 처음부터 '그게 아니야'라고 하지 말고 다른 것 속에서 뭔가를 찾아보라."

그는 "우리 사회가 너무도 여러 갈래로 세분화 되다 보니 의견이 다른 사람을 미워하는 경향이 있다. 지식인들도 정치인들도 모두 마찬가지다."라고 꼬집었다.

취미는 요리와 바이올린 연주, 그림 그리는 것이다. 그림에는 정형이 없어 좋다고 한다. 영화를 보면서 슬픈 장면이 나오면 따라서 훌쩍훌쩍 운다. 솔직하지 못한 사람이 제일 싫다는 그는 "사람은 모두가 생각과 관심사가 다르다. 그러나 다르다는 걸 떳떳하게 인정해야 한다."라고 강조했다.

미스코리아로 하버드 박사 된 금나나

인생 전환의 스토리

ㅣ금나나(자료 : 한국일보)

미스코리아 진眞에서 하버드 박사로 변신한 금나나는 1983년 8월 19일 경북 영주에서 태어났다. 키 172cm, 몸무게 52kg, 하버드대학교 보건대학원을 다녔다.

금나나는 2007년 한국 로레알 유네스코 '여성생명 과학진흥상 특별상'을 받았고, 2009년에는 한국사학진흥재단 홍보대사로 활동하였다. 그런 금나나가 대한불교 조계종으로부터 '불자대상'을 받으면서 또 다른 화제의 주인공이 되었다.

더구나 그의 학창 시절 성적이 새삼 눈길을 끌었다. 과거 한 방송 프로그램에서 금나나의 하버드대학 시절 이야기가 전파를 탔다.

그때 방송에서 "금나나는 전형적인 노력파다. 언어의 장벽이 높았음에도 1학년 1학기 때 전 과목 A를 받고, 신입생 상위 10%에게 주는 우수 모범 장학생으로 선발되어 '디투어상'을 받은 천재였다."라고 소개하였다.

금나나는 유학 준비 5개월 만에 하버드와 MIT에 동시 합격했는데 하버드 생물학과로 진학하는 대담성을 보여 정말 '대단한 도전'이라는 평가를 받았다.

금나나는 예명이 아니라 본명이다. 영광여자중학교를 졸업하고 포항에 있는 경북과학고등학교를 나와 대구 경북대 의예과 재학 중인 2002년 미스코리아 진에 당선되어 대학을 중퇴하고 미국 유학길에 올랐다.

하버드대에서 생물학을 전공한 뒤 우등생으로 졸업하였다. 컬럼비아대학교 가정학 석사를 마치고, 다시 하버드대에서 보건학을 공부하여 박사학위를 받아 그야말로 '엄친딸'로 불렸다.

그는 미스코리아에 출전하면서 이런 말을 하였다.

> "내가 만일 미스코리아 대회에 나가지 않았다면 지금쯤 머리 질끈 묶은 공붓벌레가 되어 있을 것이다. 미스코리아 대회는 여성이 자신을 가꾸는 방법을 가르쳐 준다. 이 대회에 나감으로 해서 나의 여성성을 느낄 수 있게 되었다."

그랬던 금나나는 하버드대 박사로 인생 역전에 성공하였다. 그는 《나나 너나 할 수 있다》, 《공부일기》, 《나나의 네버엔딩 스토리》 등의 저서를 펴냈다.

"무엇이든 할 수 있는 여성"

금나나는 '무엇이든 할 수 있는 여성'의 표상으로 떠올랐다. 사람들은 그런 금나나를 가리켜 "그에게는 불가능이란 없다!"라는 찬사를 보냈다. 그가 그렇게 되기까지는 교사 출신인 어머니의 영향이 컸다.

"나나야, 너는 무엇이든 할 수 있는 여자야.", "너에게는 스스로 어떤 일이든 해낼 수 있는 지혜와 용기가 있어."

어머니의 이 한마디가 금나나의 인생 역전의 원동력이 되었다.

사실 선생님은 남의 자녀들을 훌륭하게 가르칠 수는 있어도 자기 아들딸을 가르치기 어렵다고들 말한다. 그러나 금나나의 어머니는 딸을 훌륭하게 가르친 스승이자 어머니였다. 마치 율곡을 키워낸 신사임당처럼.

금나나는 어머니가 강조한 7가지 가르침을 바이블처럼 가슴에 지니고 실천해 나갔다. 어머니가 준 7계명은 어떤 것일까?

첫째, 스승을 존경하라. 공부하는 사람으로서 가르침을 주는 스승을 존경하고 따르라는 것이었다. 금나나는 초등학교에 들어갈 때까지 한글의 기역 자도 몰랐다. 정말 까막눈으로 초등학교에 입학한 그가 선생님을 하늘처럼 여기며 공부하였다.

둘째, 옳고 그름을 파악하라. 그는 어릴 적에 어머니로부터 야단맞는 일과 칭찬 듣는 일을 분명하게 배웠다. "이런 것도 못해!"라고 야단맞은 일이 없고, "너는 할 수 있어!"를 들으며 자랐다.

셋째, 즐겁고 편한 마음으로 공부하라. 공부가 어렵다는 생각을 갖지 말고 즐겁고 재미있다는 생각을 갖도록 이끌어주었다. 공부에 스스로 흥미를 느끼고 하겠다는 욕심을 갖도록 자극하였다. 여기서 그는 공부하겠다는 마음이 싹트고 자랐다.

넷째, 가끔은 맨발로 걸어라. 요즘 대도시의 부유층 어머니들을 자녀들이 맨발로 다니지 못하게 한다. 나쁜 병균에 감염되기 쉽다는 이유 때문이다. 그러나 보드라운 맨땅을 맨발로 밟아 본다는 것은 감성을 자극하는 것이며 여유로운 마음을 갖게 하는 등 정서적으로 좋다고 말한다.

다섯째, 스스로를 계발하라. 이곳저곳으로 여러 학원을 다니는 것보다 학교 공부에 충실하고 스스로 할 수 있다는 마음을 가지는 일이 중요하다. 스스로 학습하는 과정을 통해서 탐구욕이 커지고 성취감을 느끼게 된다.

여섯째, 체험 활동을 많이 하라. 교과서는 학습의 기본 바탕이므로 착실하게 익히는 동시에 교과서에서 제시해 주는 여러 가지를 직접 체험해 보라고 일렀다. 체험 활동은 단순한 지식이나 상식의 습득만이 아니라 살아 있는 학습이다. 체험을 통해서 탐구력이 향상되고 예술성이 길러진다. 그래서 100번 듣는 것보다 한 번이라도 제대로 보는 것이 좋다는 '백문불여일견百聞不如一見'이라는 옛말이 있다.

일곱째, 스스로 배우고 익혀라. 어떤 조건에 얽매이거나 환경을 탓하지 말고 정해진 길만 다니지 말며 스스로 개척하는 의지를 키워라. 문제의 정답만을 생각하지 말고 다양한 선택도 해보아라. 거기에서 지혜의 지름길을 발견할 수 있다.

이러한 7계명은 금나나 학습의 핵심이었다. 스스로 할 수 있도록 이끌어 주는 열쇠였다. 교육 조건이나 학습의 환경 등에 얽매이지 않고 더 좋은 조건, 더 밝은 환경으로 개척하는 의지를 키워 나아가라는 의지이자 나침반이었다.

제3장

공부의 달인

고시 3관왕의 영예

수재 중의 천재

대한민국 국가자격시험 가운데 최고의 시험이라고 하면 사법고시, 행정고시, 외무고시를 말한다. 해마다 전국의 수많은 내로라하는 인재들이 여기에 매달린다. 길게는 십여 년간, 짧게는 1~2년간 머리를 싸매고 고시 공부에 전념하는 경우가 많다.

이 3대 고시 중 하나만 패스해도 출세의 길이 열리고, 어느 정도 사회적인 명예와 부를 거머쥘 수 있다는 점 때문에 고시에 도전하는 사람이 많은 것이다.

본래 사법고시, 행정고시, 외무고시에 합격하는 인재들을 '고시 3관왕'이라고 일컬었다. 그러나 시대가 다양화하고 직종이 전문화되면서 사법, 행정, 외무고시의 3대 고시 가운데 2개를 패스하고 공인회계사나 입법고시에 합격하여도 역시 고시 3관왕이라고 일컫는다. 이들 3대 고시에 패스하면 그의 인생에 탄탄대로가 열리는 것은 두말할 필요가 없다고 여긴다. 3대 고시를 포함하여 입법고시,

공인회계사 가운데 어느 하나도 합격하기 힘든데, 국가자격고시 3개를 합격한 이들을 한국 사회에서는 '공부의 달인', '천재 중의 천재'라고 일컫는다.

그러나 이런 전통적 의미의 3대 고시 개념이 바뀌었다. 외무고시가 사라졌기 때문이다. 외무고시는 국립외교원외교 아카데미 선발 시험으로 바뀌었다. 정원의 1.5배수를 뽑아 1년의 교육과정과 종합평가를 거친 뒤에 최종 임용되기 때문에 다른 고시와 함께 준비하던 과거의 관행이 사라졌다.

과거에는 사법시험과 행정고시를 패스한 뒤 외무고시 대신에 공인회계사CPA에 합격한 이들도 고시 3관왕으로 인정받았다. 그러나 요즘에는 CPA가 대거 배출되었고 대우가 예전만 못해지면서, 공인회계사 대신에 국회 5급 공무원을 뽑는 입법고시가 인기를 끌면서 고시 3관왕 자리로 올라서고 있다.

입법고시는 그동안 인력 수급 상황에 따라 시행되고 소수만 뽑아 잘 알려지지 않았으나 2000년부터 정례화되고, 전국 각지로 파견되는 행정공무원이나 판사 · 검사와 달리 서울 여의도 국회에서만 머무를 수 있는 데다 상대적으로 승진이 빨라 갈수록 고시 준비생들이 선호하고 있는 추세이다.

고시 3관왕을 '고시 다관왕'이라고도 일컫는다. 고시 다관왕이라는 존재는 시대별로 선호되는 시험과 직업 분포에 따라 그 이미지가 다르게 나타나고 있다.

대한민국 건국 이래 현재까지 역대 고시 3관왕들은 모두 14명, 그 가운데 사법고시사시 · 행정고시행시 · 외무고시외시를 패스한 3관왕은 7명, 사시 · 행시 · 공인회계사를 패스한 3관왕은 4명, 사시 · 행시 · 입법고시에 합격한 3관왕은 3명으로 알려졌다.

고시 3관왕이면 당연히 대학에서 법과를 전공한 사람으로 여기기 쉽지만 사실은 그렇지 않다. 14명 중 10명이 법학 전공자이고, 3명은 경제 · 경영학을 전공하였고, 1명은 화학공학을 전공한 사람으로 법률과는 전혀 무관한 학과에서 공부한 인재들이다.

고시 합격자를 관리하는 정부 채용관리과에서는 "합격자를 수험번호로만 관리할 뿐, 고시 복수 합격자 명단은 별도로 정리하지 않아서 다관왕 명단은 따로 없다."라고 밝혔다.

따라서 고시 3관왕으로 알려진 14명은 그간 언론에 보도되어 밝혀지거나 고시계에 알려진 사람들이다.

고시 3관왕 손태원 판사의 일화

고시 합격자들이 바라는 최고 선망의 직업은 여전히 판사로 나타나고 있다. 그런 사례는 공무원으로 고시 3관왕이 된 손태원이 판사로 활동하면서 더욱 두드러졌다.

행시와 입법고시에 합격한 그는 재경부 공무원으로 일하면서 육법 전서에 매달려 사시에 합격한 뒤 사법연수원을 수석으로 졸업하고 법원으로 발길을 돌렸기 때문이다.

고시 3관왕 14명 중 법조계로 들어선 사람은 11명이나 된다. 잠시 행정 · 외무 공무원으로 일한 경우도 4명이 있었지만 결국 개인 변호사 사무실을 내거나 로펌으로 들어갔다. 이 중 대형 법률사무소만 4명이나 된다. 11명 중 2명은 법대 교수, 3명은 정치인이 되었지만 모두 법조계를 거쳤다.

고시 3관왕이면 당연히 서울에서 활동하는 것으로 흔히 여기지만 지방에 있는 사람도 있다. 울산에서 15년 넘게 활동하고 있는 김태석 변호사가 대표적인 경우이다. 그는 서울대 경제학과 출신으로 외무고시 합격 후 외교안보연수원에서 연수를 받던 도중 행정고시, 사법고시에 잇달아 합격하여 고시 3관왕이 되었다.

광주 조선대학교 법대 교수로 제자들을 가르치는 김기영 교수도 지방에서 활동하는 인물이다. 김 교수는 "고향에 내려와 대학교에서 제자들을 가르치는 것이 보람 있어 만족한다."라고 말했다. 그는 "법대 출신이라 법원 쪽에서 경력을 쌓는 게 더 좋지 않겠느냐?"라는 주변 사람들의 권유를 받았지만 지방대학 교수의 길을 걸었다.

그는 제25회 사법고시에 합격한 뒤, 행정고시와 외무고시에도 합격했다. 미국 듀크대학, 위스콘신대학에 유학했고, 프랑스에서도 공부했다. 공군 법무관을 거쳐 서울 민사지방법원 판사로 있다가 대형 법무법인 변호사로 활약하였다. 중앙대학교와 아주대학교 법과대학 조교수를 거쳐 조선대학교 법학과 교수가 되었다.

판사는 인간과 법리를 다룬다

고시 중에 제일 백미는 사법고시이고, 사법고시에 도전하는 사람들은 판사가 되려는 꿈을 꾸고 있다. 판사는 사람을 대상으로 재판을 담당하는 전문인이다. 그런 연유로 사법고시는 국가가 관리하는 고시 가운데서도 매우 중요하고 엄격하게 시행하고 있다. 또한, 사시 응시자들은 다른 고시 준비생들보다 힘든 고시 준비 공부에 매달린다.

사법司法은 법에 의한 민사와 형사 재판 및 그에 관련되는 국가작용을 다룬다. 근대 국가는 통치의 기본 원리로서 권력의 분립제도를 채택하고 있다. 이는 곧 사법의 법원, 입법의 국회, 행정의 정부로 구분된다.

사법의 권능을 독립기관인 법원이 맡아 행한다. 그 법원의 담당인이 바로 판사이다. 사법은 실질적으로 구체적인 쟁송에 대해 법을 적용하고 판결을 선언함으로써 법적 질서를 지키도록 이끈다. 다만 사법이 법을 적용한다는 점에서는 행정 작용과 공통되고, 법의 작용이라는 점에서 입법 작용과도 공통되고 있다.

고시는 자격 위한 수단

고시 3관왕은 과연 행복할까? 많은 사람이 그렇게 생각하거나 궁금하게 여긴다. 그러나 고시 3관왕들은 다양한 선택을 통하여 찬사와 촉망을 받았다.

고시 다관왕 자체는 목표 달성을 위한 자격의 인정과 수단일 뿐이며 인생행로에서 좋은 것만은 아니라고 입을 모았다.

이는 '고시는 목표에 도달하기 위한 수단에 불과하기 때문에 인생 목표를 분명히 선정할 필요가 있다'는 말이다. 특히 "고시 3관왕이라고 특별하게 보는 사회적인 시각과 선입견에 부담이 컸다." 라고 털어놓았다. 그래서인지 어떤 사람은 언론을 향해 "제발 나를 언급하지 말아 달라."라고 당부했다.

그런 연유에 대해 한 다관왕은 "공부만 파고든 공붓벌레라 이기적일 거라는 선입견을 많은 사람이 갖기 때문에 힘들었다."라며

"인간적인 면을 보여주려고 무척 노력해 왔다."라고 밝혔다. 또 다른 3관왕은 "특별한 인간으로 보는 사람이 많아 항상 철저히 몸을 낮추고 겸손한 자세로 신경을 쓴다."라고 말했다.

성격이 이상하다는 말이 나올까 봐 일주일에 하루는 봉사하고 강의나 재능 기부를 통해 편견을 깨려고 노력한다는 고시 3관왕도 있다. 하지만 그런 부담 때문인지 무너지는 자존심도 느낄 때가 많다고 호소했다. 어떤 이는 과도한 음주 뒤 사고를 일으켜 경찰에 불구속 입건돼 '고시 3관왕의 추악한 타락'이라는 말까지 들었다.

고시 3관왕들은 '다른 분야에서도 활동할 수 있는 자질이 훌륭한 사람들인데 자기 일에만 100% 전념하는 것 아니냐? 너무 외곬 인생'이라는 시선에도 시달린다고 털어놓았다.

하지만 대다수는 고시 3관왕이란 경력에 안주해선 안 된다고 강조했다. 여러 고시에 합격하였다 하여 완벽한 사람으로 보는데 인간인 이상 완벽한 사람이 되기는 어렵다. 고시 합격으로 끝나는 게 아니라 꾸준히 새로운 환경에 적응해야 한다는 것이다.

고시 3관왕은 "어렸을 때는 약간의 과시욕도 있었던 것 같은데 시험공부만 하기보다 언어를 공부하거나 다른 경험을 했으면 좋았을 것"이라며 자신을 돌아보았다.

그러면서 후배들에 대한 조언도 아끼지 않았다. "자신감을 갖고 1주일, 1개월, 6개월 단위로 계획을 세워 실천하면 자신도 모르는 사이에 목표한 곳에 도달할 수 있다."라고 말했다.

"당장 세상 사람들이 생각하는 것처럼, 흔히 좋은 자리에 가기 위해 고시 합격이라는 목표에만 매달리지 말고, 어떤 분야든 열정을 갖고 도전하라."라고 권했다.

고시 3관왕 김관영의 도전기

첫 도전에서 겨우 4점 받아

| 김관영(자료 : 전라일보)

역대 고시 3관왕 14명 가운데 주목받는 또 한 사람이 있다. 사법, 행정, 회계사 합격의 3관왕이라는 화려한 이력을 바탕으로 2012년 4 · 11 총선에서 출사표를 던져 국회의원이 된 김관영이 바로 그 주인공이다.

1983년 성균관대학에 들어가 민주화 투쟁에도 참가했고, 성균관대를 졸업한 뒤 서울대 행정대학원에서 행정학 석사과정을 거쳤으며, 40대에 재경부 금융 전담 공무원으로 이름을 떨친 뒤 대형 로펌으로 옮기는 등 화려한 이력을 소유한 인물이다. 그가 막 정치판에 발을 디뎠을 때 많은 사람이 그의 앞날에 서광이 비치기를 기대하였다.

그가 고시 3관왕으로 먼저 정치에 참여한 대선배 장덕진, 박찬종, 고승덕 전 의원과는 다른 결과를 보여줄 것으로 믿고 있다. 사람의 미래는 아무도 예단할 수 없지만, 김관영에게는 지금까지의 경력과 행적으로 볼 때 확실히 정치인으로 두드러진 일이 일어날 것으로 다른 3관왕들과는 다르게 기대하고 있는 것이다.

그의 고시 도전은 처음에 사실상 불가능하게 여겨졌다. 고시 첫 도전에서 100점 만점에 겨우 4점을 맞았기 때문이다. 그러나 그는 해냈다. 그랬던 학생이 고시 3관왕이 되다니, 기적인가? 여신의 도움인가?

공인회계사 최연소 합격, 행정고시 합격, 그리고 사법고시에 패스하면서 전북 출신으로는 최초 고시 3관왕으로 이름을 올렸다. 그런 뒤에 국내 제1의 법률사무소 로펌의 변호사로 들어갔다.

차별화가 공부의 비결

첫 도전에서 겨우 4점을 때냈던 김관영의 공부 비법은 남달랐다. 그는 사시, 행시에 이어 공인회계사 시험에 합격한 뒤 재경부 공무원, 김앤장 변호사를 거쳐 제19대 총선에서 지역구 의원으로 국회에 입성했다.

김 의원은 "주변에서 안정된 직장, 괜찮은 보수를 놔두고 큰 존경을 받지 못하는 정치권에 왜 가느냐고 말렸지만 공부하면서 주변에 빚진 마음, 지역에 봉사해야 한다는 의무감이 있었다."라고 말했다.

그는 "가난한 집안에서 태어나 힘들게 공부하고 고시 3관왕으로 가장 좋다는 직장까지 다녀 봤기 때문에 양극화 해소에 도움이 되고 싶다는 생각으로 정치 무대로 들어섰다."라고 강조했다. 항상 노력하는 사람이었지만 머리가 좋아 성공했다는 주위의 따가운 시선을 늘 부담스러워했다. 그는 노래 부르기를 좋아하고, 잠을 많이 자는 편이다. 학창 시절에는 오락부장을 맡을 정도로 유쾌한 사람이다. '천재 중의 천재'인 그는 어렵게 공부하며 성공 신화를 써내려갔다. 그의 성공 신화 줄거리는 이렇게 펼쳐진다.

유년 시절 평범하지 않은 역경의 삶을 보냈다. 가난한 농부의 6형제 중 다섯째로 태어났다. 어렸을 때 가정 형편이 좋지 않았다. 당시 상황이 어렵다 보니 아버지도 공부하라는 말 대신에 "나랑 같이 농사짓자."라는 말을 많이 하였다. 어린 마음에도 농사짓는 건 너무 힘든 일이고, 별로 남는 게 없어 보였다. 어렸을 때 텔레비전에서 본 드라마 속의 도시 사람들 생활을 무척 부러워하고 동경했다. 당시 그는 텔레비전에 나오는 사람들은 시골 사람들과 다른 꿈 같은 유토피아 세계에서 사는 사람이라고만 생각했다.

그는 서울로 진학한 이후에도 꽤 오랫동안 '촌놈 의식'에 빠져 있었다. 그러나 세월이 지나면서 꿈을 하나씩 이뤄가는 사이에 부모의 사랑과 마음을 이해하는 입장이 되었다. 농촌에서 태어나 청소년기를 보냈다는 것이 너무나도 소중한 경험이라는 것을 깨달았다.

그는 대학교 1학년 2학기 때 형의 권유로 공인회계사 공부를 시작했다. 회계 원리나 상업 부기에 대해서는 아무것도 모르고 회계사 시험을 준비했다. 그리고 2달 정도 공부한 뒤에 대담하게도 시험에 응시했다. 참으로 무모한 도전이었다. 도대체 제정신인가? 그

때 받은 점수는 100점 만점에 겨우 4점이었다. 그 결과는 참담했다. 짧은 시간에 공부한 걸 가지고 풀 수 있는 문제 수준이 아니었다. 그래도 채점 평에는 "성적은 안 좋았지만 답안 작성하는 접근 태도가 마음에 든다. 더 열심히 하면 좋은 성적을 거둘 것으로 확신한다."라고 적혀 있었다. 이것이 그에게 용기를 북돋고 동기를 부여하는 자극제가 되었다. 그는 마음을 다졌다.

"그래! 지금은 어렵지만 할 수 있다는 마음가짐으로 열심히 공부하자! 합격을 목표로 삼고 정진하자!"

두 번째 도전에서 27점

그렇게 자신을 격려하면서 열심히 공부하여 두 번째 도전에서는 27점을 받았다. 이때도 비록 합격과는 거리가 먼 점수였지만 고시반에서는 '성적 진보 장학금' 8만 원을 주며 격려하였다.

이 장학금은 그에게 정말 큰 용기를 주었다. 그리고 마침내 해냈다. 대학 2년 때 '공인회계사 최연소 합격'의 타이틀을 거머쥐었다. 주변에서는 '기적을 일구어낸 촌놈'이라며 부러워했다.

자신감을 갖게 된 그는 교수의 권유로 행정고시에 도전하였다. 행시도 회계사 시험처럼 처음에는 시행착오를 겪었다. 그런 뒤에 역시 제36회 행정고시 합격자 명단에 이름을 올렸다. 그는 다시 사법고시에 도전하기로 하고, 동생에게도 일찍 사법시험을 보자고 권유했다. 하지만 그는 처음에 사법고시까지 볼 마음은 없었다.

군대에 들어가 복무하고 만기 제대 후에 공무원 생활을 계속하기로 마음을 먹었다. 그러나 법안을 만드는 과정이 재미있어서 법에 대해 본격적으로 공부를 해야겠다는 생각으로 마음을 다졌다. 재경부의 일은 무척 고되고 시간도 없어 사시 공부를 하기가 어려웠다.

하지만 동생과 같이 서로 도와가고 격려하면서 열심히 공부하며 서로가 경쟁하듯 공부에 매달렸다. 그 결과 1999년 11월 동생과 함께 나란히 사시를 패스하여 '형제는 위대하다'는 칭찬을 들었다. 그는 이렇게 말했다.

> "공부와 관련된 일반 원칙 중에서 가장 중요한 것은 '집중력'을 높이는 것이다. 공부를 잘하고 못 하고의 차이는 결국 집중력의 차이이다. 집중력을 높이기 위해서는 '동기 부여'가 무엇보다 중요하다. 사람마다 정도의 차이는 있겠지만, 우리 세대까지만 해도 열심히 노력해서 성공한 사람들에게는 '헝그리 정신'이 가장 큰 원동력이었다."

그리고 자신의 경험을 예를 들면서 이런 충고를 덧붙였다.

"공부를 잘하기 위해서는 먼저 자신의 부단한 노력이며, 그다음으로 중요한 것은 실천력을 기르는 것이다. 고시만 어려운 시험이 아니다. 초등학생, 중 · 고등학생, 대학생은 각각 그 시기에 치는 시험들이 모두 어려운 시험이다."

그리고 "시험을 준비하는 이들에게 가장 필요한 것은 '나는 붙을 수 있다'는 자기 확신을 갖는 일이다. 일상적으로 실천력을 키워가는 훈련이야말로 자신감을 높이는 지름길이다. 아울러 실천력은 '성공하는 습관'을 들이는 것이기도 하다. 단계 단계마다 목표를 달성했다는 조그마한 성취와 성공은 자신에게 큰 재산이 된다."라고 덧붙였다.

일찍 자고 일찍 일어나

그는 하루하루를 무척 바쁘게 보내는 사람이다. 같이 고시 준비하던 사람이 그에게 "하루에 몇 시간 잠을 자는가?"라고 물었다. 그러나 대답은 평범하였다.

"잠은 7시간 정도 잔다. 일찍 자고 일찍 일어난다. 고시 공부를 할 때도 이 원칙을 꼭 지켰다. 공부가 아무리 힘들고 어렵더라도 충분한 수면 시간을 확보하지 못하면 집중력이 떨어진다."라고 자신의 경험을 털어놓았다.

그는 어떤 운동을 할까? 골프는 자주 할까? 하지만 바빠서 골프를 할 틈도 없다고 한다. 그래도 10년 전에는 싱글까지 쳤다. 계속하지 않고 골프채를 놓으니까 실력이 점점 녹스는 것 같다고 언론 인터뷰에서 밝혔다. 그와 인터뷰를 한 언론은 그에 대해 이런 글을 남겼다.

"고시 3관왕이라는 편협한 생각을 가졌지만, 유머를 좋아하고 사람의 마음을 편하게 배려할 줄 아는 따뜻한 사람이었다. 그에게서 느낀 것은 만나면 즐거운 사람이라는 것이다."

그는 변호사로서의 고충을 이렇게 털어놓았다. 이는 그가 한 언론과의 인터뷰에서 솔직하게 고백한 사실이다.

> "변호사로서 가장 어려운 일은 범죄자를 변호하는 일이다. 범죄적 사실을 숨길 수는 없다. 그러나 아무리 범죄자라 해도 인권을 보호해야 하며 변호를 받을 권리가 있다. 물론 있는 사실을 숨길 수는 없다. 그 사람의 모든 상황을 고려하고 범죄의 동기, 환경 등을 충분히 파악하는 게 변호사의 임무라고 생각한다."

한 해에 고시 3개 패스

수석 타이틀만 4개 따내

| 송옥렬(자료 : 서울신문)

고시 3관왕 가운데 한 해에 사법고시, 행정고시, 외무고시 등 3개 시험을 모두 합격한 수재는 송옥렬 한 사람이다.

1988년도 대입 학력고사에서 전국 수석을 차지한 그는 서울 경복고교를 수석 졸업한 뒤에 서울대 법대를 수석으로 입학하고, 서울대 법대 수석 졸업까지 차지하면서 수석 타이틀을 무려 4개나 따냈다. 서울대 법대 4학년 재학 중에 사법고시에 합격하여 사법연수원으로 들어가 연수하면서 다시 행정고시 재경직과 외무고시에 도전해 연수원 연수 중에 나란히 합격하는 기적을 이루어냈다. 이로써 그는 1991년 한 해에 3개 고시를 합격하는 진기록을 세운 천재로 이름을 떨쳤다.

고시 3관왕의 영예를 따내고도 공부를 더 하고 싶다는 욕심을 내어 미국 유학을 떠난 사람도 5명이나 된다. 그중의 한 사람 송옥렬은 육군 법무관을 거쳐 미국 하버드대학 로스쿨로 유학을 가서 법학 석사 · 박사를 받고 2003년 귀국하여 로펌 변호사를 거쳐 모교인 서울대 교수로 제자들을 가르친다.

공무원에서 변신

공무원으로 일하다가 미국에 유학한 뒤 진로를 바꾼 고시 3관왕으로는 정영진 변호사가 있다. 그는 사시에 합격한 뒤에 외교부 공무원으로 일했지만 미국 유학을 다녀온 뒤 변호사의 길로 들어섰다. 정 변호사는 "미국 로펌에서 일할 때 정부 못지않게 민간에서 국제 통상이 광범위하게 이뤄지는 걸 보고 변호사가 되기로 결심했다."라고 밝혔다.

그는 서울대 법과대학과 대학원 법학석사 및 박사과정을 마쳤고, 미국 예일대학교 법학대학원에서 법학석사 및 법학박사 학위를 받았다. 사법고시, 외무고시, 행정고시를 합격한 고시 3관왕으로 특히 국제통상 분야 전문가로 유명하다.

사법연수원 22기를 수료하고 공군 법무관을 거쳐 외교통상부 통상교섭본부 외무관으로 1997년부터 2001년까지 활동하였고, 미국 조지타운 법학대학원 겸임교수로 있다가 귀국하여 2005년부터 KDI국제정책대학원 겸임교수와 대한상사중재원 중재인으로 활동하였다.

미국 국제경제법연구소 방문교수, 미국 스텝토앤드존슨 법률사무소 변호사, 법무법인 광장 변호사 등으로 활동하였고, 2004년부터 공정거래위원회 카르텔 자문위원, 2005년부터 농림부 국제통상 자문변호사로 활동하였다.

원래 행시에 합격했던 진행섭 변호사도 재무부에서 공무원으로 일하다가 미국 스탠퍼드대 박사과정을 밟고 돌아왔다. 그는 사시에 합격한 뒤에 행정 공무원에서 변호사로 진로를 바꾸었다.

사법고시 1, 2, 3차 한 번에 패스

연예인 한지혜는 남편이 '사법고시 1, 2, 3차 시험을 한 번에 패스한 사람'이어서 주위 사람들로부터 부러움의 찬사를 받았다. 그의 남편은 서울대학교 공대 화학공학과 출신인데, 고시에 뜻을 두고 법률 공부를 시작한 지 1년 반 만에 사법고시 1, 2, 3차를 한 번에 패스한 엘리트로, 합격의 영광을 차지한 뒤 검사가 된 정혁준이다.

한지혜는 "내가 성격이 급해 확실히 짚고 넘어가자는 생각을 하게 됐다. 그래서 연애 시절에 '아무래도 내가 결혼반지를 받아야겠어'라고 말했다."라는 일화를 공개해 주변 사람들로부터 부러움을 샀다.

이후 정혁준 검사가 미국 시카고로 연수를 가면서 한지혜 역시 이곳에 보금자리를 마련했다. 그 뒤 한지혜와 정혁준 검사는 2015년 오스트리아 빈으로 떠나 완벽한 유럽풍 하우스에 거주한 일도 있다.

정치권에 도전한 고시 3관왕들

엇갈린 희비

1960년대 초반까지 고등고시 사법과에 합격한 인원은 50명 정도였다. 일반적으로 '고시에 합격하면 출세한다'고 말한다. 그런 이면에는 고시에 합격하면 출셋길이 보장된다는 것이 통례로 여겨졌기 때문이다.

그렇다면 고시 하나도 아닌 3개에 합격한 3관왕이라면 당연히 출세할 것으로 여길 수밖에 없지 않은가? 하지만 고시 3관왕이라고 해서 모두 출세 가도를 달렸을까?

고시 3관왕들은 그 진출 방향에 따라 희비가 엇갈렸다. 어느 길로 들어섰는가에 따라 그 운명이 달라졌다는 말이기도 하다.

정치에 도전한 고시 3관왕도 14명 중 5명에 이르렀다. 제8대 국회의원과 농수산부 장관을 지낸 장덕진을 비롯해, 국회의원 5선을 지낸 박찬종 변호사, 제13대 국회의원으로 민자당 원내 부총무를 지낸 신오철, 제18대 국회의원을 지낸 고승덕, 제19대 국회에서 민주당 수석 대변인으로 활동한 김관영 등이다.

신오철은 1958년부터 1959년까지 2년 사이에 고등고시 행정 · 재무 · 사법 3과를 합격한 것이다. 대한민국 고시에서 첫 번째 3관왕의 영예를 따낸 신오철은 변호사를 거쳐 서울 도봉에서 제13대 국회의원으로 당선되어 금배지를 달고 민자당 원내 부총무를 지냈다.

고시 3관왕의 장밋빛 명예

고시 3관왕들은 대부분이 법조인으로서의 명예와 긍지, 자존심을 지면서 변호사나 신분 상승이 가장 확실한 법조계 쪽에서 조용히 한 우물을 파고 있다. 그러나 일부 몇몇은 정치권으로 들어가 전국적인 인물로 이름을 떨치고 있다.

하지만 정치 무대로 들어선 그들은 고시 3관왕이라는 타이틀만큼의 영예를 드높이거나 정치적인 부귀영화까지 다 누리지는 못하는 듯하다. 고시 3관왕의 인생은 한마디로 장밋빛 인생이다. 젊은 40대 나이에 장관을 지내고 국회의원을 지낸 사람도 있다.

고시 3관왕의 타이틀을 지닌 인물 가운데 국가 사회적으로 큰 성공을 이룬 사람은 아직 미지수라고 여긴다.

판사나 검사, 변호사로는 어떤 사건을 맡아 한때 전국적인 이슈를 몰고 오면서 명성을 떨쳐도, 사회적인 인물로 뉴스의 초점이 되는 정치권에서는 초반에 두드러진 활동을 보이다가도 밀려나 재기하지 못하고 대중의 시선으로부터 멀어진 경우가 대부분이다. 고시 합격과 사회적 성공의 길은 상당한 차이가 있어서 그런 것일까? 국가적인 성공이라면 권력의 최고 정점인 대통령을 포함한 3부수장을 꼽을 수 있고, 또 사회적 성공이라면 대그룹을 일으켜서 억만장자가 되어 국가 산업 발전에 큰 기여를 한 기업의 총수를 꼽을 수도 있을 것이다.

그러나 고시 3관왕 가운데 그렇게 특출한 활동을 보인 사람은 아직은 아무도 없다. 다만 고시 3관왕으로 첫 대선주자로 나섰던 사람은 박찬종 한 사람뿐이다. 고시 3관왕으로서 정치가 아닌 원래의 전공인 법조계 활동을 통해 다시 세간의 주목을 받고 있는 이들은 상당수이다. 그러나 법조계로 진출한 고시 3관왕 가운데 대법원장에 오른 인물이 아직은 없다. 국회 쪽에서도 마찬가지이다.

고시는 출세의 열쇠

전문가로 변신하는 지름길

오늘날은 전문가 시대이다. 모든 분야에서 특출한 전문가를 요구하고 있기 때문이다. 전문가는 프로페셔널Professional을 뜻하는 말로 전문적 직업인을 일컫는다.

어떤 일에 관하여 전문적인 지식을 지니고 있어서 아마추어와는 확연하게 다른 능력을 지닌 사람들을 가리킨다. 그런 전문가는 일정한 국가고시에 합격해야 인정을 받는다. 그렇다면 전문가로서 활동하려면 어떤 사항을 지켜야 할까?

국가고시에 합격해야 한다. 우선 전문 지식을 갖추어야 한다. 이에는 국가고시에 합격하여야 한다. 여기에는 사법고시, 행정고시, 외무고시를 비롯하여 공인회계사, 변리사, 법무사, 의사, 치과의사, 수의사, 한의사, 간호사, 교육공무원 등 다양하다.

"어떻게 할까요?"라는 질문은 금물이다. 전문가는 자신의 분야에 대해 "어떻게 할까요?"라는 질문을 해서는 안 된다. 그런 질문을 한다면 이미 전문가가 아니다. 어떤 일이 발생하면 그에 관한 전문가는 자기의 의견을 분명하게 말하고, 그다음에 주변 사람들의 의견을 경청하는 것이 원칙이다.

할 수 없다는 말은 하지 않는다. 일에 따라 까다롭거나 복잡한 사안도 있을 수 있다. 그런 일에 직면하였을 때 "나로서는 곤란하다."라거나 "나는 할 수 없다."라는 말을 해서는 안 된다. 그렇게 말하는 사람은 전문가로서 의무를 포기하는 사람이다.

지나친 자신감을 드러내지 마라. 발생한 일에 대해 해결할 자신감이 있다고 큰소리를 하지 말고, 일을 차분하게 처리하여야 한다. 물론 사안에 대하여 자신감을 가지는 것은 전문가로서 당연한 일이다.

일을 능숙하게 처리하라. 일을 언제까지 어떻게 처리하겠다는 일정표를 정하고 그 계획에 따라 일을 원만하게 관리하고 처리하는 능력을 보여야 한다. 일을 맡아 진행하는데 마지못해 하는 태도를 보이지 마라. 그런 태도로는 일의 처리가 지연되거나 능률을 거두는데 차질이 생기기 쉽다.

전문가는 자기가 맡은 일을 처리하는데 누구에게도 강요하여서는 안 된다. 더구나 그 일을 처리하는데 "나에게 어떤 이익이 있는가?"라는 계산은 금물이다. 그보다도 "이번 일이 너 또는 당신들에게 어떤 도움을 줄 수 있는가?"라는 데에 초점을 두어야 한다. 이는 모든 사람에게 도움이 되도록 일을 공정하게 처리하여야 한다는 말이다. 전문가의 임무는 남에게 도움을 주는 사람이다.

미국의 에디슨은 인류를 위한 발명 연구로 존경을 받았지만, 프랑스의 나폴레옹이나 독일의 히틀러는 인류의 인권과 행복을 파괴한 인물로 비참한 생애를 맞았다.

인간은 누구든지 결점을 지니고 있다. 완벽한 사람은 아무도 없다. 그래서 성공하는 사람보다 실패한 사람들이 더 많다. 모든 일은 수용하기에 달려 있다. 그러나 모든 일은 동전의 양면처럼 양면성을 띠고 있지만 부정적으로 보기보다는 긍정적으로 보는 것이 바람직하다. 전문가들의 역할이 바로 그런 것이다.

인간이란 누구나 자기 나름대로 인생의 각본을 쓰면서 진행해 가고 있다. 고시를 준비하는 일, 전문가가 되기 위해 자격시험을 보는 일, 학생들이 자기의 미래를 설계하면서 대학에 진학하여 전공과목을 공부하는 일들이 바로 그런 것이다.

경험은 소중한 자산

사시 합격생은 합격기를 통해 "사시 2차를 마치고 행시 2차 기간이 되었다. 동차 준비를 하느라 행시는 전혀 신경 쓰지 못해서 포기하고 싶은 생각도 들었으나, 결과를 떠나 좋은 경험이 되리라는 생각으로 끝까지 응시했다."라고 밝혔다.

법 과목은 따로 준비하지 않았고 경제학은 H 강사의 '다이제스트 경제학', 정치학은 S 강사의 '수험 정치학', 행정학은 L 강사의 '쟁점분석 행정학'을 교재로 벼락치기 공부에 돌입했다.

첫날 행정법은 그럭저럭 답안을 채울 수 있었으나 점수는 다소 실망스러웠고, 경제학은 벼락치기만으로는 역부족이었는지 게임이론에 대한 문제만 조금 쓸 수 있었다. 결국 22점을 받았고 당시에도 과락이 확실했으나, 2차 시험장에 들어갈 수만 있어도 좋을 것 같던 1차 때의 간절했던 마음을 떠올리며 끝까지 포기하지 않고 차분하게 응시했다. 정치학도 생소하기는 마찬가지였으나 헌법에서 자주 언급되는 다수결 원리가 나와서 56.33점이라는 생각지도 못했던 고득점을 했고, 선택과목이었던 민법도 다른 과목보다는 그나마 수월하게 썼던 것 같다.

행정학은 전혀 예상도 못했던 신제도주의가 출제되는 바람에 횡설수설했으나 의외로 과락을 면했다. 이때의 자신감이 이듬해 행정학에 대한 두려움 없이 법무행정에 응시할 수 있는 힘이 되었다. 지칠 대로 지친 상황이라, 떨어질 것이 거의 분명한 상황에서 시험을 1주일씩 보는 게 쉬운 일은 아니었다. 고시 공부를 시작할 때에만 해도 생각지도 못했던 '여름에도 시험 보자'는 목표를 두 개나 달성하여 쟁쟁한 경쟁자들과 어깨를 나란히 하고 시험을 칠 수 있다는 것만으로도 행복했던 시간이었다. 그리고 다음 해에는 꼭 합격할 수 있도록 실력을 키워야겠다고 다짐했다.

결국 시험은 어렵다는 것을 깨달았다. 고시가 쉽다면 합격자가 많아질 것이다. 그리고 수험생들의 마음을 덜 졸여줄 것이다. 그러나 고시는 합격자들의 자질과 수준을 생각할 때 일정한 고난도의 어려움이 있을 수밖에 없다는 것을 실전을 통해 깨달았다.

기회를 잡아라

"찬스를 잡아라! 경험이 찬스다!"

고시 다관왕이 들려주는 충고이다. "찬스는 두 번씩 '똑똑!' 노크하지 않고 단 한 번만 '똑!' 하고 노크한다. 하루하루의 경험이 찬스"라고 고시 다관왕들이 조언한다.

누구나 오늘 하루는 매우 바쁘다. 공부하랴, 숙제하랴, 학원가랴, 놀 시간도 없다고 말하는 학생들이 대부분이다. 바쁘게 보낸 하루는 육체적으로 고달프고 정신적으로 피곤하다. 그렇다고 해서 책을 덮어 놓고 바로 잠을 잔다면 어떻게 될까? 그건 오늘이라는 날을 포기하는 것이 된다. 그런 상태로 내일을 맞이한다는 것은 오늘의 연장선이며, 수업적으로는 답보 상태일 뿐이다.

잠자리에 들기 전에 오늘 하루의 일과를 잠시 되돌아볼 필요가 있다. 그런 자세는 내일을 오늘보다 좋은 날로 만들어가는 에너지가 된다. 오늘 하루의 일이 옳았는지? 잘못한 일은 없는지? 있다면 어디가 잘못되었는지? 이런저런 일들을 점검해 보는 것은 내일을 위한 준비가 된다.

사람은 누구나 실수할 수 있다. 그렇다고 같은 실수를 되풀이해서는 안 된다. 하루를 되돌아보고 내일을 준비하는 사람은 발전한다. 오늘의 경험이 내일의 발전을 이끌어 주는 원동력이 된다.

인생에서 사물을 배우는 방법에는 두 가지가 있다. 하나는 자기 자신의 경험을 통해 배우는 것이고, 다른 하나는 다른 사람의 경험을 보면서 배우는 것이다.

다른 사람의 경험에서 사물을 배우는 방법은 독서를 통해 타인의 경험을 자기 것으로 만드는 방법이다. 이는 자신이 직접 현장으로 뛰어들지 않고도 시간을 관리하면서 다른 생각과 기술을 자기 것으로 만드는 간접 경험을 쌓아가는 것이 된다.

시간은 누구에게나 똑같이 제공된다. 그러나 그 시간을 활용하는 일은 모두가 똑같지 않다. 개개인의 능력과 지혜에 따라 큰 차이가 생긴다. 시간을 유용하게 활용하는 사람이 인생의 승리자가 될 수 있다. 그렇다면 고시 다관왕들은 시간 이용 또는 시간 관리를 어떻게 했을까? 고시 다관왕들의 조언은 이렇다.

"날마다 그날이 마지막인 것처럼 활용하고 관리해야 한다."

고시 합격생의 일화

의욕을 지녀라

사람은 누구나 너나 할 것 없이 미래를 알 수 없는 존재이다. 더구나 인간의 미래는 그 끝을 알 수 없고 그 끝이 보이지도 않는 불가사의한 존재이다.

인간은 누구나 마음이라는 것을 가지고 있다. 우리들은 이 '마음'의 존재를 좀처럼 이해할 수가 없다. 마음이라는 실체는 역경의 과정을 통과하지 않고서는 드러나지 않는 특성이 있다. 따라서 위기를 경험하지 못한 사람은 마음의 실체를 보여 주지 않는다는 공통점이 있다. 그런 사례를 잘 보여 주는 경우는 어느 공인회계사 시험에 합격한 사람이 적나라하게 보여 주었다.

공인회계사에 합격한 뒤 어느 회계사 사무실에서 근무하던 A는 어느 날 뜻밖의 일을 겪었다. 회계사 소장이 갑자기 세상을 떠난 뒤 그가 회계사 대표가 되어, 사무실의 모든 일을 떠맡게 된 것이다. 하지만 그때 겨우 실무 1년 차의 풋내기 회계사였다. 그가 대표가 되자 선임들이 하나둘 사표를 냈다. 결국, 8명의 선임들이 사무소를 떠났다.

새로운 회계사들을 영입했다. 그러나 신진 회계사들은 실무 경험이 전혀 없어 3개월 동안 엄청난 고통을 겪었다. 그로 인해 체중은 10kg이 빠지더니 그 뒤 다음 달에도 5kg 정도가 더 빠지는 것이었다. 그래서 친구 회계사에게 "이런 상태로는 더 이상 일을 하지 못할 것 같다."라고 고민을 털어놓았더니, "무슨 소리를 하는가? 호강에 겨운 소리 하지 마라. 나는 매일 밤을 새워 일하는 실정"이라는 답이 돌아 왔다. 조언이 아니라 핀잔이었다. 그 핀잔의 충격은 새로운 힘이 되어 회계사 사무소는 활기를 띠고 발전하여 잘 나가는 업체로 우뚝 섰다.

A 공인회계사는 친구가 야단치지 않았다면 아마도 공인회계사 사무소를 떠났을지도 모른다. 위로를 받으러 갔다가 핀잔만 듣고 돌아와 위기를 극복하고 활력을 찾아 공인회계사 사무소를 더욱 발전시켰다.

"할 수 있다는 자신감으로 나를 무장하라."

만일에 수영을 배우고자 한다면 물에 대한 두려움부터 없애야 한다. 물가에 앉아 두 발을 물에 담근 채 "물에 뜰 수 있을까?" 하는 생각만 한다면 백년하청百年河淸이다. 이 말은 중국의 황허 강물이 항상 흐려 있어서 맑을 때가 없다는 고사에서 나온 말인데, 아무리 오랫동안 기다리고 있어도 기다림 그 자체만으로는 어떤 일을 이루어낼 수 없다는 뜻이다.

수영선수가 되려면 물로 뛰어들어 물도 먹어 보고 귀에 물이 들어가는 과정을 거치면서 연습을 하지 않으면 아무 소용이 없다. 하겠다는 결단이 필요한 것이다.

결단이라는 말은 어떤 일을 시작하는 단호한 의지이다. 이것과 저것 가운데 하나를 과감하게 선택하는 일이다. 두 마리의 토끼를 쫓다가는 두 마리 모두 놓치고 한 마리도 잡지 못하게 된다.

결단이 빠른 사람은 자신의 일을 결정한 뒤에는 바로 열정을 쏟아 실행으로 옮긴다. 결단력이 강한 사람은 어느 한 가지 일에만 국한하지 않고 그 일과 연관된 2차, 3차의 일까지 추진하게 된다.

우리에게 주어진 일생의 시간을 무한한 것이 절대 아니다. 주어진 시간 속에서 학교 공부를 하고, 고시 준비도 하고 합격을 따내야 하고, 취업도 해야 하는 등 많은 일을 해야 한다. 참으로 바쁘게 돌아가는 것이다. 그래서 어떤 일을 계획하고 결단을 내리고 본격적으로 추진할 때 성공을 향한 길이 열리게 된다. 여기서 중요한 포인트는 "만일에 실패하면 어쩌지?" 하는 생각은 과감하게 버려야 한다. 이런 생각은 그 자체가 방해 요소로 작용한다.

인간이 공부할 수 있는 정신적인 절정기는 10대 후반부터 20대 초반이며, 육체적인 체력의 절정기는 20~40세까지가 정점이라고 한다. 물론 개인적인 조건에 따라 다소의 차이는 있을 수 있지만, 이 시기가 지나면 원기력이 떨어지기 때문에 열정적으로 공부하거나 사회적 활동을 하는데 걸림돌이 될 수 있다는 것이다.

독일의 문호 괴테는 "이 세상에서 가장 나약하고 무능한 사람은 우유부단한 인간"이라고 지적했다. 그는 "실패를 두려워하지 마

라. 어떤 일을 시작하여 실패하는 것보다 아무 일도 벌이지 않는 사람이 더 우유부단하다. 일단 일을 개시하는 사람이 성공한다."라고 말했다.

마인드의 대전환

공부를 하는 사이에는 남모르는 고민이 따른다. 가장 큰 고민은 "열심히 했는데, 왜 성적이 오르지 않을까?" 하는 것이다. 누구에게나 생기는 고민이다. 내 짝은 성적이 눈에 띄게 좋아지는데 나는 왜 답보 상태인가? 하는 쓸데없는 생각부터 버려야 한다. 그런 생각을 버리고 그런 고민에서 벗어나면 상황은 완전히 달라진다. 이것이 마인드의 대전환이다.

"나의 장점은 무엇일까?" 단점을 생각하기 전에 공부 태도에 관한 장점에 대하여 스스로 질문을 하고 그 질문에 대한 답을 찾아보자.

- 나 스스로 느끼는 장점
- 친구가 말해 주는 나의 장점
- 제3자가 평가해 주는 나의 장점

이런 것들을 모아 더 좋은 방향으로 키워 나가려는 노력을 하면 공부가 즐거워지고 재미있어진다. 그럴 경우 성적이 올라가는 것은 두말할 것도 없다. 그러나 단점에 대해 고민하고 마음속으로 끙끙거린다면 그 단점은 더욱 자라고 그 폭이 넓고 커진다. 이는 공부에 마이너스 장애물이 된다.

장점을 살려 나가는 도중에 단점은 하나씩 개선되고 없어지면서 성적이 쑥쑥 올라가는 방향으로 돌아서면서 경쟁력에서도 앞서는 결과를 안겨준다.

인간은 교육을 통해 실력을 쌓고 인격을 갖추어 나간다. 그런데 이런 과정은 사람에 따라 천차만별이다. 다만 실력을 쌓아가는 사람과 그렇지 못한 사람의 차이는 평소의 하찮은 일에서 오게 된다.

메모하는 습관을 길러라

공부를 함에 있어서 많은 시간을 책과 씨름한다고 모두 실력으로 이어지는 것은 아니다. 교육은 시간과의 싸움이지만 학습 요령이 크게 작용한다. 메모하는 습관이 학습 능력의 차이에 큰 역할을 한다. 그리고 나와 다른 사람의 실력 차이를 만들어 준다.

"저 사람이 없었다면, 세계의 문명은 적어도 300년 뒤졌을 것이다."

이 말은 르네상스 시대 이탈리아가 낳은 세계적인 과학자 · 기술자였던 레오나르도 다빈치를 일컫는 말이다. 불후의 명작인 〈최후의 만찬〉, 〈모나리자〉 등을 남긴 화가이자 천재적인 두뇌를 가졌던 다빈치는 작은 수첩을 들고 다니면서 철저하게 기록하는 메모광이었다. 천재 과학자로 이름을 떨친 그가 왜 수첩에 깨알 같은 글씨로 메모를 하였을까? 어떤 목적으로, 어떤 일을 위해서, 어떤 방식으로 메모를 하였을까?

'다빈치의 수첩'에는 무엇이 담겨 있었을까? 특별한 형식도 없이 그때그때 필요한 사항들을 수첩에 적었던 것으로 알려졌다.

수첩 메모는 일상의 행동을 중심으로 기록하는 것이 일반적이다. 다만 학습을 위한 메모, 업무상의 메모 등으로 구별하면 더욱 효과적이다. 연락 사항을 메모하고 어떤 일의 계획이나 추진 상황, 주요 업무의 줄거리 등도 메모한다.

평소에 메모하는 습관을 가지게 되면 많은 상식을 얻을 수 있다. 사람들은 누구나 생각하지도 못한 좋은 아이디어가 떠오를 때가 있다. 이런 좋은 생각도 메모해 두지 않으면 쉽게 잊어버리는 경우가 대부분이다.

그렇다면 오늘의 학생들은 물론 선생님, 직장인들은 어떤 것을 메모하고 있을까? 절대적인 형식이나 원칙은 없다. 그러나 일반적으로 기록하는 것들을 추려보면 이러하다.

복습에 도움이 될 만한 것들을 메모한다. 어떤 인물, 특히 사회적으로 이슈가 된 인물, 통계 수치 등을 기록한다. 이런 것들은 교과서에 없어 나중에 학습에 큰 도움이 된다. 어떤 테마, 타이틀을 새로 작성한 사람에 대해 주요한 사항을 중점 기록한다.

현장에서 보고 느낀 것을 메모한다. 특히 교수 방법, 주요 과제, 시사 상식, 직장, 회의, 연수회 등 많은 사람과의 대화에서 깨달은 것과 교통 기관에서 본 생생한 것들을 자세하게 메모한다. 여러 사람으로부터 들은 것들을 메모한다.

시사상식을 기록한다. 책이나 신문, 잡지 등에서 읽은 것 가운데 필요하다고 느끼는 것들을 기록한다. 포스터, 카탈로그, 광고문 등에서 학습에 도움이 된다고 여겨지는 것을 메모한다. 일상에서 느낀 점을 기록한다. 순간적으로 떠오른 생각을 정리한다.

제4장

고시 3관왕들

- 장덕진 스토리
- 박찬종의 저력
- 다양한 재주꾼 고승덕
- 제주서 탄생한 전국 톱 원희룡
- 강용택의 '인생과 공부'
- 운동권 리더 고시 3관왕 이정우

BEST 1

장덕진 스토리

관료-정치인-축구인의 영광

| 장덕진(자료:대한민국헌정회)

장덕진은 '축구공 저금통'을 만들어 초등학교와 중학생들에게 우상이 되었던 고시 3관왕이다.

강원도 춘천고교를 나와 고려대 법대를 졸업했다. 그는 최고 명문인 경기고는 물론 서울대 법대 출신도 아니다.

그는 1958년부터 3년간에 걸쳐 대한민국에서 최고로 어렵다는 사법고시, 행정고시, 외무고시를 모두 패스하며 고시 3관왕을 차지한 입지전적 인물이다. 그때 세상 사람들 사이에서 이런 말이 회자되었다.

"대통령도 시험으로 뽑게 된다면 그가 응당 차지할 것이다."

고시 3관왕이 된 그는 법조인 대신 재무부 공무원으로 들어갔다.

재무부 사무관으로 들어간 뒤 7년 만에 이재국장을 거쳐 1969년에 재무부 재정차관보로 승진하였다. 사무관에서 재정차관보까지 초고속 승진한 전설적 인물이다.

1973년 8월에는 농수산부 차관 발령을 받았다. 1975년 12월부터 1977년 12월까지는 경제기획원 차관을 역임하였다. 1977년 12월부터 1978년 12월까지 농수산부 장관을 역임하였다. 겨우 44세의 젊은 나이에 장관에 올랐다.

재무부 이재국장 시절에 대통령 비서관을 지냈다. 이에 대해 어떤 정치권 인사는 "박정희 당시 대통령의 처조카사위라는 점이 관료의 길을 걷는 데 영향을 미쳤을 것"이라고 전했다.

그는 1969년 재무부 이재국장으로 재임하면서 대한축구협회 이사직을 겸했다. 1969년 당시만 하더라도 축구선수들은 실업팀이 없어 먹고 살기 막막한 상황이었다. 그런 시절에 직접 발 벗고 나서서 1969년 3월 조흥은행과 산업은행, 신탁은행, 제일은행 축구팀이 연이어 창단되도록 하였다. 그때 무려 9개의 금융단 축구팀이 생겨 약 200여 명의 선수들이 일자리를 얻을 수 있었다.

1970년에는 박정희 대통령의 명령으로 대한축구협회장이 되어 한 달 만에 축구 발전 기금 1억 원을 모았다. 한국 축구국가대표팀 상비군으로 1진 '청룡'과 2진 '백호'를 구성했다.

한국 축구 역사상 최초의 외국인 코치도 초빙하고, 국가대표 상비군 전용 숙소를 건설해 축구 국가대표팀 경기력 향상에 집중했다. 대표선수들에게 상해보험을 들게 하여, 대표팀 상비군과 청소년 대표 53명이 동방해상보험회사와 상해보험계약을 체결했다. 이는 한국 스포츠 사상 처음 있는 일이었다.

축구 원로 중에 생계가 어려운 이들을 돕기 위해 '축구인 원호연금제'를 실시했다. 1년에 12만 원씩 3명에게 36만 원을 지급하는 방식으로 점차 그 대상과 지급액을 확대하였다. 그리고 1970년 4월에는 《월간 축구》를 발행했다.

1970년 한 해 동안 무려 368개 초등학교 축구팀이 생기고, 마을 단위로는 321개 팀이 생겨났다. 주말 축구 교실도 28개 학교에서 시행하기 시작했다. 당시 한 일본의 축구 기자는 그의 모습을 보고 극찬을 아끼지 않았다.

> "일본은 크라머 코치의 충고를 보수적인 협회가 받아들이지 않아서 큰 문제다. 하지만 한국은 젊은 협회장이 신진대사 역할을 확실히 하고 있다. 참 부럽다."

그 뒤에 아시아축구연맹AFC 부회장에 선출되면서 아시아 전체가 주목하는 인물이 되었다. 그가 취임하자마자 축구 국가대표 상비군은 1970년 메르데카컵 우승, 킹스컵 우승, 아시안 게임 금메달 등의 성과를 달성했다. 1971년에는 '대통령배 국제축구대회'를 처음으로 개최하였다. 제1회 박스컵에서 한국은 버마와 공동 우승을 차지했다.

1971년에는 정계로 진출하여 제8대 국회의원 선거에 뛰어들었다. 민주공화당 후보로 서울 영등포구 갑 지역구에 출마하여 신민당 후보를 꺾고 국회의원으로 선출되었다. 당시 서울에서 당선된 유일한 여당 국회의원이었다.

국회의원이 된 뒤에 1972년 10월 국회에서 국민체육진흥기금법을 입법화시키는 데 성공하고 국민체육진흥재단 설립도 이뤄냈다. 국민체육진흥기금은 선수와 지도자를 발굴하고 키우는 데 쓰이기 시작했으며, 은퇴한 경기인의 생활 보조금으로도 지급됐다.

고구려-발해 옛 땅 개발사업

장덕진은 1979년 박정희 대통령 시해사건 이후 1982년 사회발전연구소 회장 등을 지내며 야인 생활을 했다. 1984년에는 농업진흥공사 이사장을 맡아 농업 진흥에도 힘썼다. 1985년 고려대학교 교우회장을 맡아 억척스럽게 일을 한다 하여 당시 김준엽 고려대 총장이 '미스터 고려대학교'라는 별명을 붙여 주었다.

장덕진은 1988년 중국의 통치 실력자인 덩샤오핑의 아들과 만나 옛 고구려, 발해의 영토였던 만주 벌판을 재개발하기 위한 작업에 착수하는 동시에, 만주 벌판 삼강평원 일대에 대규모 농장을 만들기로 하였다. 당시 중국은 한국과 정식으로 국교를 열지 못한 상태였으므로, 한국의 공기업이 중국의 토지를 개발하는 것은 불가능했다.

결국, 장덕진은 농업진흥공사 이사장 자리에서 물러나 1990년 1월 대륙종합개발을 설립하였고, 오로지 삼강평원의 개발에 자기의 모든 역량을 걸었다.

그는 개인 자격으로 1988년 12월 중국 헤이룽장성 정부와 삼강평원 개발 관련 양해각서MOU를 체결했다. 이를 위해 헤이룽장성 정부와 각각 31억 1647만 원씩을 출자해 현지 법인을 설립하고, 중국 하얼빈시 삼강평원 일대 3만 8,000ha를 임대하여 개발 작업을 착수한 것이다.

1991년 중국 국가계획위원회와 한국은행은 대륙 개발의 삼강평원 개발 투자를 승인했다. 그러나 토지에서 물이 잘 빠지지 않아 추가로 대수로를 만들어야 하는 등 개발 사업은 매년 어려움을 겪었다. 거기에다 1996년 우루과이 라운드 협상으로 대한민국의 쌀시장이 개방되고 미국 등지의 값싼 쌀이 우리나라에 밀려들어올 것으로 예상되자, 삼강평원 개발의 경제성이 있을 것인가 하는 의문이 생겼다. 당시 대학 교수들은 삼강평원 땅이 동토凍土라면서 한여름에도 30cm만 파면 얼음이 나온다는 일본의 옛날 문서까지 동원하여 삼강평원 개발에 반대하였다. 당시 김영삼 대통령은 삼강평원 개발을 위한 한국수출입은행의 2,200만 달러 대출을 중단시켰다. 결국, 삼강평원 개발의 공적은 중국 정부로 넘어갔다.

2008년 국제 쌀값이 폭등하자 중국 정부는 북대황北大荒그룹을 설립하고, 인민해방군 제대 군인 50만 명을 투입하여 과거 장덕진이 설계한 개발계획서대로 쑹화강의 물을 끌어들여 밭작물을 재배하던 곳을 논으로 전부 변모시켰다.

이때 중국 정부는 삼강평원 일대의 구불구불하던 농지를 대단위로 정리했으며, 항공기로 볍씨와 농약을 뿌리고 트랙터, 콤바인 등을 투입해 기계화 대단위 영농단지로 바꾸어 놓았다. 그 결과 삼강평원 지역의 벼농사는 대성공을 거두었다.

이로써 삼강평원은 '북대황'이 아니라 '북대창北大倉'으로 바뀌었다. 이 지역이 북쪽의 거대한 곡창지대로 변해 중국인들은 '중국의 쌀 창고'라고 일컫는다.

삼강평원의 평균 쌀 수확량은 1ha당 5.7톤으로 한국보다 훨씬 높다. 비록 우리나라의 힘으로 끝을 맺지는 못했지만, 장덕진의 구상과 계획은 옳았음이 증명된 것이다. 다만 장덕진이 당초 계획했던 삼강평원 임차 면적이 3만 8,000ha약 380㎢인데, 이는 서울시 면적605.2㎢의 60% 정도이고 새만금 사업으로 생긴 간척지 면적과 비슷한 정도로 넓은 지역이다.

그때 개발 사업은 토지 임대료를 내는 파격적인 조건이었다. 송나라 때 학자 정이程頤는 “누구나 행복이라고 생각하는 것이 오히려 불행일 수 있다.”라며 인간의 세 가지 불행을 지적하였다.

첫 번째 불행은 소년등과少年登科인데, 어린 시절 너무 빨리 과거에 급제하여 일찍 출세를 하면 교만해지고, 나머지 평생이 내리막길이 되기 쉬워 그의 생애가 불행할 수밖에 없다는 지적이다.

두 번째 불행은 석부형제지세席父兄弟之勢, 즉 위세가 대단한 부모 형제를 만나서 그 권세를 끼고 사는 것인데, 이것도 자기가 아무리 노력해 봤자 남들에게서 낙하산이라고 손가락질을 받기 쉬운 데다, 평생 부모 형제와 비교 대상이 되어 불행할 수밖에 없다는 가르침이다.

세 번째 불행은 유고재능문장有高才能文章인데, 뛰어난 재주와 문장력을 가지면, 그 재주와 능력을 믿고 글을 잘못 써서 만인의 지탄을 받고 패가망신할 수 있으니 매사에 조심하고 삼가라는 말이다.

오늘날 삼강평원 일대는 영농 기계 농장으로 바뀌면서 기계화 작업이 92%에 달해 마치 미국의 농사 현장을 보는 것 같은 착각이 들 정도이다. 게다가 친환경 농법을 도입해 이곳은 친환경 녹색 농업의 메카로 탈바꿈했다.

어쨌거나 1997년 외환위기까지 닥침으로써 삼강평원 개발을 위해 장덕진이 전 재산과 열정과 노력을 투입하였던 그의 꿈은 좌절되었고, 무려 210억 원의 부채를 짊어진 채 폐인이 되고 말았다. 2017년 4월 20일 세상을 떠났다.

'명예의 전당' 만들어

대한축구협회는 2005년 '명예의 전당'을 만들고 장덕진을 제1호 후보로 올려놓았다. 하지만 그는 축구협회 선정위원회의 압도적인 지지에도 불구하고 명예의 전당에 오르는 것을 고사했다.

결국, 장덕진을 제외하고 김용식 · 홍덕영 · 김화집 · 이회택 · 차범근 · 거스 히딩크 · 정몽준 등 7명만이 '명예의 전당'에 이름을 올렸다.

그의 패밀리는 남다르다. 박정희의 처조카사위이자 육영수의 친정 조카사위이다. 다시 말해 육영수의 언니인 육인순의 맏사위이다. 그의 손아랫동서 한승수는 춘천고 2년 후배로 국무총리를 지냈고, 처남 홍세표도 춘천고 – 고려대 후배로 외환은행장을 지냈다. 언론인으로 뛰는 장원준이 그의 아들이며, 며느리는 SBS 인기 아나운서 한수진이다. 국회의원을 지낸 김세연은 그의 처조카사위이다.

박찬종의 저력

대학 재학 중에 3과 합격

박찬종은 1939년 4월 19일 경남 김해에서 태어났다. 부산에서 초·중학교를 다니고 1958년 서울 경기고를 나와 서울대학교 상과대학 경제학과에 진학하여 공부한 뒤, 서울대학교 경영대학원 MBA 과정을 나왔다.

대학 재학 중에 고등고시 사법과와 행정과에 합격한 뒤, 공인회계사 시험에도 합격하면서 고시 3관왕 타이틀을 거머쥐었다. 급행열차처럼 달리면서 대학 재학 중에 고시 3과를 패스한 것이다. 그 뒤 변호사 생활을 하다가 1971년에 제8대 총선에서 민주공화당의 공천을 받아 출마하였으나 낙선하자 다시 변호사로 돌아가 개업하였다.

1972년 10월 유신과 함께 국회가 해산되고 이듬해 실시된 제9대 총선에서 민주공화당 소속으로 다시 출마하여 중선거구제로 변경된 선거법에 따라 2위로 당선되었다.

1976년 38세의 젊은 나이에 2차 투표까지 가는 박빙의 승부 끝에 한국공인회계사회 회장에 당선되었다. 국회의원으로서 그는 간이공판제도 신설에 반대하고, 유신정우회

| 박찬종(자료 : 한겨레)

의장의 아내 비서관 채용을 비판하는 등 여당 내의 야당으로 이름을 올렸다. 이어 제10대 총선에서도 당선되었지만 10 · 26 사건 이후 공화당 내에서 권력으로 치부한 자, 해바라기 정치인 등의 자퇴 또는 당직에서 제외를 요구하는 등 정풍운동을 주도하는 한편 국회 개헌특위 위원으로 활동하다가 1980년 4월 공화당에서 제명당했다.

1980년 8월 전두환이 유신헌법 아래에서 제11대 대통령으로 당선되고 이어 10월 제5공화국 헌법이 국민투표를 통과하면서 제10대 국회가 해산될 때 정치 규제 대상 811명 가운데에 포함되었다가 곧바로 해금되었다.

1981년 3월 제11대 국회의원 선거에 출마하였다가 중도에 사퇴하였다. 1983년 《부끄러운 이야기》를 펴내 유신정권에 참여한 과거를 반성하였고, 1985년 제12대 국회의원 선거 때 부산에서 출마하여 당선되었다.

민주화추진협의회의 인권옹호위원장, 신한민주당의 인권옹호위원장으로서 미국 문화원 점거 농성 사건이 터지자 점거 주동 대학

생들의 변호를 맡아 운동권 학생들을 변호하는 인권 변호사로서 이름을 날리게 되었다. 그해 9월 '고대 앞 시위 사건'으로 기소되어 3년 6개월간 변호사 업무를 정지당하였다. 그 뒤에 '박종철 군 사망사건'에서도 고문 치사 사건 진상 규명 위원장으로서 박종철 사인을 고문에 의한 것으로 밝히는 데 앞장섰다.

제13대 총선에 무소속으로 출마하여 서울 서초구 갑에서 국회의원으로 당선되었다. 그 뒤에 고시 3관왕으로는 첫 번째 대선 주자로 나서서 제14대 대통령 선거에 출마하였으나 4위를 기록했다. 이때 홀로 거리를 누비며 돈 안 드는 선거 유세를 펼쳐 '깨끗한 정치인'의 이미지를 보여주었다. 이를 통해 무균질 우유 광고에도 등장하면서 화제의 인물로 떠올랐다.

제14대 대선의 선거비용과 관련해 진 빚으로 서울구치소에 수감되었다가 하루 만에 석방된 그는 "평소에 사법제도 개혁을 해야 한다는 소신이 있었으나, 그 필요성을 더 절실히 느꼈다."라는 소회를 밝히고 다시 변호사로 돌아가 활발한 활동을 시작하였다.

2004년 제17대 총선에 또다시 무소속으로 출마하였으나 낙선하고 정계를 은퇴하였다.

대통령에 대한 관점

고시 3관왕 중에 가장 화려한 경력을 지닌 박찬종 변호사는 시사 프로그램 등에 출연하며 계속 목소리를 냈다. 그는 통치자의 꿈을 안고 대통령 선거에 출마하여 청와대 입성에 도전하였으나 뜻을 이루지 못했다.

사시 · 행시 · 회계사에 합격한 뒤 1973년 정계에 입문해 5선 국회의원을 지냈고, 1992년 대선과 1995년 서울시장 선거에 출마해 낙선했지만 널리 화제를 뿌렸던 인물이다. 고시 3과 출신의 박찬종 변호사는 거물 정치인 중 한 사람으로 꼽힌다.

그는 한 언론과의 인터뷰에서 이렇게 말했다.

"지금은 모두가 대통령이 되겠다고 한다. 대통령이 되겠다는 사람이 너무 많아서 좋다. 그러나 대통령이 되겠다고 스스로 나서는 것보다는 국가를 이끌어갈 지도자의 리더십을 가진 사람이 필요하다. 대학 교수 중에서도 주로 헌법학자가 중심이 되고 또 헌법학회 회장을 지낸 분들이 중심이 되고 교수들 한 100여 명과 각계 단체, 법조인들이 모여서 새로운 정치 질서를 확립하여야 한다. 과거 정치에 오염되지 않았던 사람은 몰라도, 과거 정치에 오염된 사람은 인기 없는 나처럼 물러나야 한다. 그런 사람이 5선 의원하고 그러면 나처럼 5범 취급당한다. 정치 부패, 정치 독재, 국회의원 5번이니까 5범이다. 국회의원이나 시장으로 그 직에 있으면서 대통령 되겠다고 뛰는 사람들은 현행범이다. 그러니까 신선한 이미지의 새로운 지도자가 필요하다."

"정치에 오염된 사람, 대통령 병에 걸린 사람들이 많다. 지도자로서의 리더십이 부족한 사람, 준비가 안 된 분들이 너도나도 대통령이 되겠다는 것은 매우 심각하다. 그런 사람에게 대통령을 맡긴다면 국가와 국민이 불행해진다."라고 분석했다.

"그때 내가 대통령이 되었다면 큰일이 났을 것이다. 왜냐고? 철부지였으니까. 지난 15년 동안, 내가 지금 말씀드린 국가기관의 리

모델링, 대통령은 국가 원수로 헌법 수호의 책임이 있다. 대통령다운 대통령이 되어야 한다. 그런 사람을 대통령으로 뽑아야 한다. 그런 걸 정리하는 데 15년이 걸렸다. 15년 전엔 이걸 몰랐다. 그래서 그때 내가 대통령이 되었다면 반드시 실패했을 것이다.

나라가 바로 서려면 정치가 잘돼야 하고, 국회가 싸움판이 안 되도록 해야 한다. 싸움판이 안 되기 위해서는 국회의원 한 사람 한 사람이 국민 대표자로서 국가 이익을 우선하여 양심에 따라 직무를 행하는 국회의원이 되어야 한다. 자율권이 국회의원에게 보장되어 있다. 이 자율권을 행사해야 한다. 지금 300명 국회의원에게 자율권 행세가 안 된다.

정당에 소속된 사람이 국회에 들어가면 싸운다. 단 한 번도 일자리, 반값 등록금, 노후 대책, 보험, 복지 문제, 이런 것을 오순도순 토론하고 결정한 적 있는가. 반드시 싸운다. 이게 헌법에 반드시 안 싸우게 되어 있는데도 그렇다. 자기들 살을 도려내고 자기들 기득권을 벗어 버려야 하는데, 그렇지 못하다는 것이다. 그러니 현실정치에 대한 좌절 절망 실망 분노가 일어나고 있다."라고 지적했다.

그는 20년 전에 대통령이 되겠다며 대선에 출사표를 던졌다가 뜻을 이루지 못했다. 그때의 일에 대해 이렇게 회고하였다.

"대통령 병에 걸렸던 사람들이 꿈을 이루고 다 사라져 버리고 지금은 새로운 인물들이 저마다 대통령이 되겠다고 목청을 높인다. 지금은 세상이 바뀌었다."라고 그는 강조하였다.

그러나 국민이 나라의 주인이라는 것은 바뀌지 않았고, 또 바뀔 수도 없다. 대한민국의 주권은 국민에게 있고 모든 권력을 국민으로부터 나온다. 국회의원은 250개 지역으로 나눠서 뽑고 대통령은 전국 단위로 뽑아서 대통령에게 국가원수의 지위를 부여한다. '헌법 66조에 대통령은 국가의 원수이며 행정권을 대통령이 속하는 행정부에 속한다.' 이렇게 되어 있다.

그는 "국민 각자가 확고한 주인 의식을 가져야 하고, 국민으로서의 책임감과 자신감이 넘쳐야 한다. 그렇지 못하면 안 된다. 국민 스스로가, 국민도 헌법 기관이다. 국민이 왜 자신 없어 하는가?"라고 질타했다.

그는 "고시 3관왕은 물론 다른 국가고시에 합격한 사람들은 국민을 이끌어갈 책임이 있다. 고시 합격의 영광을 자신의 출세 도구로 삼아서는 안 된다. 국가와 국민을 위해 봉사하라는 명령으로 받아들여야 한다. 국민 정치 시대가 승리하는, 국민 모두가 승리하는 시대를 만들어가는 소금이 되어야 한다."라고 주문했다.

다양한 재주꾼 고승덕

합격자의 길

고승덕은 고시 합격자가 가야 할 길에 대해 이렇게 말했다.

"외교관이나 행정부 사무관은 위에서 시키는 대로 열심히 일해야 하지만, 변호사는 하고 싶은 일을 할 수 있기 때문에 좋다."

그는 자서전 《포기하지 않으면 불가능은 없다》에서 고시 3관왕으로 공무원이 된 뒤 장관까지 오른 'J 장관'의 경우를 예로 들었다. 'J 장관'은 고시계에서는 최초의 고시 3관왕으로 알려진 전설적인 인물로 꼽히는 장덕진을 지칭한 것이다. 그러나 장덕진은 최초의 고시 3관왕이 아니라 두 번째 고시 3관왕이었다.

고승덕은 "여러 고시에 합격한 사람이 뭐가 아쉽다고 유학을 가느냐는 말도 들었지만 계속 도전하는 인생을 살고 싶었다."라고 말했다.

국회의원에 출마할 때도 마찬가지였다. "왜 정치계로 들어가느냐?"라는 주변의 만류를 뿌리치고 국회로 들어섰던 고승덕은 "정치할 때도 그렇고 방송 예능 프로그램을 시작할 때, 증권 전문가로 활동할 때도 주변 사람들로부터 똑같은 말을 들었다."라고 밝혔다.

"뭐가 아쉬워 그러느냐?"라고 했지만 "하고 싶은 다양한 일을 해왔기 때문에 앞으로도 청소년을 위한 활동을 할 생각"이라고 말했다. 그는 한때 TV 프로그램 2개를 진행하면서 청소년 단체 대표와 다문화학교 교사로 활동한 경험이 있다. 여러 방면에서 다양한 활동을 하였으며, 사단법인 '꿈을 키우는 사람들, 드림파머스' 대표도 맡았다.

'불세출의 천재'로 유명한 고승덕 변호사는 신오철 · 장덕진 · 박찬종 · 진행섭의 뒤를 이어 고시 3관왕에 등극한 인물이지만, 매우 특이한 사람으로 널리 알려진 명사이다. 그는 전남 광주지금의 광주광역시 출생으로 경기고를 수석으로 졸업하고 서울대학교 사회계열에 입학하였지만 법과대학으로 옮겨 수석으로 졸업하였다.

대학 재학 중에 대한민국에서 최고로 어렵다는 3개의 국가고시, 고시의 별이자 고시의 꽃으로 여기는 사법고시, 행정고시, 외무고시를 모두 합격하여 수재 중의 수재로 평가받았다.

그것도 그냥 합격의 영예를 차지한 것이 아니라 사법고시는 최연소 합격, 행정고시는 수석 합격, 외무고시는 차석으로 합격한 것으로 유명하다. 이렇게 3개의 고시를 거의 최고의 성적으로 거머쥔 독보적인 기록을 갖고 있다. 학창 시절 하룻밤 사이에 명작소설 3~4권을 읽는 속독 실력을 지녔다. 도서관 가는 시간마저 아까워

집에서 공부할 정도였다고 알려졌다. 머리도 비상하지만 노력파의 전형으로 소문난 인물이다. 그래서 세상 사람들은 '불세출의 천재'라는 말로 그에게 찬사를 보냈다.

열등생에서 우등생으로

초등학교 6학년 때 중학교 입학시험 제도가 폐지되고 무시험 추첨제로 전환된 중학 입시 첫해에 변두리 무등중에 배정되었다. 버스를 타고 가다가 도보로 등교해야 하는 2시간 등굣길이었다.

광주 무등중 시절 전국 고교입시 모의고사에서 1등을 차지하여 '무등의 천재'라는 축하를 받은 고승덕이었다. 그는 서울 경기고를 목표로 공부했다. 광주 수재로 소문난 그는 경기고에 진학한 뒤 꼴찌 그룹으로 밀려났다. 고1 때 국어와 영어는 상위 그룹인데 수학에서 겨우 40점을 맞아 총점에서 바닥세를 벗어날 수 없었던 것이다. 그때 수학 100점짜리가 5명이나 되었는데 겨우 40점이라 기가 막혔다.

| 고승덕(자료 : 민주신문)

그로부터 스스로를 극복하면 전진한다는 극기상진克己常進을 좌우명으로 삼고, 수학 공식은 물론 수학 교과서까지 통째로 외우는 벼락공부를 간행하였다. 드디어 고2 때는 중간 그룹으로 올라섰고, 고3 1학기 때는 경기고 베스트 10에 들었다.

서울대 진학 후 한때 정신적으로 방황한 그는 대학 3학년이 되자 고시에 패스하자는 목표를 세웠다. '시험에 붙어야 산다'며 100일 작전에 돌입했다. 기본서 7번 읽으면 합격권이고 10번 읽으면 안정권이라는 말을 실천에 옮겼다.

밤낮 책과 씨름했다. 시력이 급격하게 떨어지자 안경을 쓰고 공부에 매달렸다. 그리고 사시에 패스했다. 그것도 대학 3학년생으로 사시 사상 최연소 합격의 영예를 따냈다. 1980년 법대 수석 졸업과 함께 행시 수석, 외시 차석이라는 4개의 타이틀을 차지, 불멸의 대기록을 세웠다.

의학박사의 아들로 태어난 그는 "초등학교 시절 책을 많이 읽으면 수재가 된다. 책을 많이 읽는 것은 혼자서 공부할 수 있는 평생의 지름길을 마련하는 것이다. 어려서 독서광이 되는 것은 몇 개의 학원을 다니는 것보다 더 큰 힘이 된다는 것을 경험했다."라고 강조했다.

그는 고교 - 대학 진학을 앞둔 후진들에게 이렇게 당부했다.

"도전하는 인생은 아름답다. 출세와 성공은 다르다. 모든 일에 만족하는 인생은 성공하고 행복해진다. 일류 법과대학 학생이라고 모두 고시에 패스하는 것은 아니다. 고시가 어렵다는 마음의 부담을 갖지 말고 도전하라."

고승덕의 'ABC 성공법'

그는 서울사이버대학교 사회복지학부가 주최한 고시 패스 3관왕 초청 특강에서 자신의 'ABC 성공법'을 진솔하게 털어놓은 일이 있다. ABC 성공법은 '꿈으로 돌파하라'는 것이 줄거리였다.

그의 공부 방법과 고시에 도전하여 성공을 거둔 꿈과 희망의 메시지를 전달한 것이다. 그가 들려준 고시 3관왕의 학창 시절 공부법, 고시 합격의 비결 등 성공적인 인생을 살기 위한 노하우는 과연 어떤 것일까?

이 특강은 치열한 경쟁 시대를 살아가는 학생들이 긍정적인 삶의 태도와 미래에 대한 꿈과 희망을 갖고, 자신의 나아갈 방향과 동기를 찾을 수 있도록 도움을 주기 위해 마련된 것이었다. 고승덕의 인생 철학을 통해 열정과 자신감을 쌓는 방법, 나아가 인생을 성공적으로 살아갈 수 있는 비결을 배울 수 있는 시간을 제공하는 자리였다.

그는 특강을 통해 노력의 상대성 원리, 시간관리 방법, 미래에 대한 구체적인 목표 세우기 등 자신이 직접 경험한 학창 시절 공부법과 사회적 성공을 할 수 있었던 특별한 비결에 대해 사람들에게 전달하여 감동을 안겨주었다.

고시 3관왕의 자랑스러운 기록을 지닌 그는 미국으로 날아가서 예일대학 로스쿨 석사, 하버드대학 로스쿨 석사를 마치고, 컬럼비아대학 로스쿨에서 JD법무박사 과정을 졸업했으며, 한국인 최초로 미국의 뉴욕 · 뉴저지 · 일리노이 · 워싱턴 등 4개 주 변호사 자격을 취득한 뒤, 세계 최대의 로펌인 베이커&맥킨지에서 2년간 변호사로 활동하면서 한국인의 우수성을 자랑한 인물이다.

그는 '천재형 변호사'로 세계 최대 로펌인 미국 베이커&맥킨지에서 근무하다가 귀국하였다. 귀국 후에는 판사를 거쳐 명변호사로 이름을 떨쳤고, 주식 전문가를 거쳐 SBS TV의 법률 교양 프로그램 '솔로몬의 선택' 변호사로 출연하여 명석한 해설과 함께 재치 넘치는 화술로 시청자들에게 인기를 끌었다.

저서로는 《꿈으로 돌파하라 - 청소년을 위한 고승덕의 ABC 성공법》, 《고승덕의 ABC 성공법 - 꿈을 꾸며 노력하면 이루어진다》, 《포기하지 않으면 불가능은 없다》 등이 있다.

제주서 탄생한 전국 톱 원희룡

수석 3관왕의 영광

원희룡은 바다 건너 제주 출신으로 고시 3관왕은 아니지만 다른 방면에서 3관왕을 차지한 수재다. 그는 1982년도 대입학력고사 전국 수석과 서울대 수석 입학을 차지했고, 1992년 사법고시를 수석으로 합격한 인물이다. 그런 원희룡을 두고 당시 이런 말이 회자되었다.

> "제주도 탐라국이 생긴 이래 최초의 경사로다. 서울 구경 한 번도 못한 섬마을 학생이 전국을 흔들었다. 탐라도 섬에서 대룡大龍이 등장했다."

그는 '망아지는 제주도로 보내고 인재는 한양으로 보내라'는 옛 명언을 반대로 입증한 천재다. 그러나 제주 출신으로 서울에서 국회의원에 출마하여 당선되고 중앙정치 무대에 진출하는 행운을 안았다.

지금 제주도 도지사로 제주도를 '꿈의 보물섬'으로 만들고 있는 그는 누가 뭐래도 공부 잘하던 '수재 중의 수재'이다. 그는 중·고등학교 시절, 학원을 다니지 않고 학교 공부에 충실하고 교과서를 외우고 관련 참고서를 암기하는 것을 기본으로 삼았다.

"도전하라! 도전이 없으면 성취도 없다."

서귀포 소년 원희룡은 초 - 중 - 고등학교까지 학창 시절을 제주도에서만 보냈다. 제주도 굴지의 명문고인 제주제일고등학교 3년 전 과정에서 1등을 놓쳐본 적이 없었다.

더욱 대단한 것은 그가 살던 제주도 서귀포시 중문동은 당시로서는 대단히 낙후된 곳이었다. 대도시의 내로라하는 명문가의 학생들이 우수한 인프라 속에서 공부하는 상황에서, 원희룡은 과외 한 번 받아보지 않고 스스로 노력해서 우수한 결과를 얻었다. 더불어 전국적으로 실시된 모의고사에서도 전국 수석을 놓치지 않았고, 1982년도 제1회 대입 학력고사 수석을 차지하며 언론의 관심을 끌었다.

당시 신문 인터뷰에서 '법 사회학자가 되겠다'는 포부를 밝혔던 그는 1982년 19세에 서울대 법대에 입학한 후 신군부 독재로 인해 민주주의가 사라진 시대적 상황 때문에 갈등하면서 진로를 바꿨다. 주체사상이 아닌 노동자들 입장에서 함께 하는 노동운동을 하며 살겠다고 결심하고 야학과 노동운동에 투신한 그는 90년 동구권의 몰락을 보고 자신이 품었던 생각이 옳지 못하다는 것을 깨닫고 생각의 전환을 하게 됐다고 고백했다.

이후 사회인으로서의 삶을 모색하던 중 사법시험을 준비하는 것이 가장 빠르겠다고 생각하고 사법시험 준비에 매달려 책과 씨름한 지 2년 만에 수석으로 합격하며 언론의 주목을 받았다.

| 원희룡(자료 : 제주특별자치도)

검사 시절 피라미드 판매 조직 소탕 등에 열중하다 검사를 그만두고 변호사를 개업했다. 그리고 1999년 촉망받는 젊은 정치인으로서 정치 무대로 들어섰다. 2000년 서울에서 제16대 국회의원으로 당선되었으며 17~18대 국회의원으로 3선을 지냈다.

2014년 6월 제주특별자치도 도지사 선거에 출마하여 당선되었다. 40대 초반의 비교적 젊은 나이에 중앙정치 무대에 들어선 그는 정치적 유명 인사이자 50대 정치인의 기수 가운데 한 명으로 이름을 드높이고 있다. 그는 2015년 '자랑스러운 한국인 대상' 최고대상을 수상했다.

수재의 공부법

사법시험에 도전한 이래 2년 안에 수석으로 합격한 경력으로 인해 그의 공부법이 화제가 되었다. 원희룡은 2008년 탐라영재관에서 자신의 공부법을 이렇게 밝혔다.

생활일지 노트를 만들어 실천했다. 하루 생활은 아침 7시에 학교 도서관에 나가 밤 11시까지 공부에 집중했다. 자기 관리를 엄격히 하기 위해서 조그만 생활일지 노트를 마련해서 그날 공부한 시간을 체크하고 집중 정도와 감정 상태를 기록하면서 페이스를 계속 점검해 나갔다.

공부 방법에 있어서는 한 과목을 처음 볼 때는 전반적인 용어와 내용의 윤곽을 파악하기 위해 속독하고, 두 번째에 최대한 정독하는 것을 원칙으로 삼았다. 정독을 할 때는 기본적이고 중요한 개념 혹은 법리가 나올 때는 그것이 결코 출제 가능성이 없는 것이라도 몇 시간씩 붙들고 개념 및 법리 연관 체계가 정확히 그려질 때까지 생각을 거듭하며 정리했다.

이해가 힘들거나 잘 안 될 때는 일단 체크를 해두고 넘어갔다가 뒤의 내용 중 관련 사항이 나오면 되돌아가 연결시켜 보려 애썼다.

단편적인 내용들은 한 번 읽어 보는 정도로 하고 앞뒤 관련이 많은 사항들은 시간을 아끼지 않고 자동적으로 이해될 때까지 거듭 음미하고 연결하면서 암기했다.

그리고 2회독 때의 정독에서 이해가 안 된 부분은 3회독 할 때 더 유의하는 식으로 회독 수가 늘어가면서는 교과서 내용 중에 정독하지 않은 곳, 빈 곳이 없게 했다.

오히려 중요한 것, 깊이 새겨야 할 것은 기본적인 개념과 법리였다고 생각하였다. 그래서 이론적인 근거, 정책적 근거, 실정법적 근거 등 제반 근거들을 생각해 보고 그게 어떤 작용을 하고 어떻게 전개되는가, 미흡한 것은 무엇인가 다각적으로 살피고 그것을 머릿속에 체계적으로 연상해 보려는 노력이 중요하다.

군복무 면제를 받았다 하여 이로 인해 잠시 논란이 되었으나, 그 이유를 자신의 발가락 때문이라고 해명했다. 어릴 적에 리어카로 짐을 운반하다가 발가락이 절단되어 봉합하는 과정에서 괴이한 모양이 되었다고 발가락을 보여주었다. 집안에서는 아들이 다치자 급히 병원으로 옮겨서 치료를 받게 했지만, 낙후된 시설 때문에 제대로 된 진료가 어려워서 결국 기형으로 남게 되었다.

사실 원희룡은 그 발가락 때문에 지체장애인 2급 판정을 받았다. 그래서 군 징입 면제가 된 것이다.

이런 경력을 지닌 그는 '공부의 신'이라는 타이틀로 언론의 주목을 받았고, 나중에 국회의원 시절에는 자신만의 공부법을 소개하기도 했다.

제주도 출신 중에서 중앙 권력의 심층부에 도달한 입지전적인 인물이라 제주도민들 사이에서의 명망이 대단히 높다. 모두가 부러워할 정도로 초특급 엘리트 코스를 거쳤다.

원희룡 제주지사는 소셜 네트워크 서비스SNS를 통해 수능을 앞둔 수험생들에게 격려의 메시지를 전했다. 그는 자신의 페이스북 동영상을 통해 "수능시험에 임하는 모든 학생 여러분, 여러분들의 도전과 열정을 늘 응원하겠다. 컨디션 조절을 마지막까지 잘 하셔서 좋은 결과를 얻기 바란다."라고 말했다.

동영상 속의 원희룡 지사는 평상복의 양복이 아니라, 1979~81년에 다녔던 모교인 제주제일고 옛 교복을 착용하고 등장해 현실감을 더해주었다. 그는 제주를 비롯한 전국의 수험생들에게 학력고사 수석 출신으로서 합격의 기운을 불어 넣기 위함이라고 설명했다. 고교 교복을 입고 등장한 그는 "안녕하세요! 수험생 여러분. 제주도지사 원희룡입니다. 오늘은 저도 여러분들과 같은 마음으로 임하면서 여러분을 응원하기 위해 교복을 입었습니다."라는 일성으로 말문을 열었다.

그는 "오랜만에 교복을 입으니 예전 생각이 많이 나네요. 사실 저는 학력고사 하루 전날 너무나 긴장해서 꿈을 꾸었는데 악몽이었어요. 시험 당일 다른 학생들의 펜은 잘 써지는 것 같은데 제 사인펜만 시험지에 박혀서 잘 안 써지는 것이었어요. 그러다가 종이 울렸는데, 그럼에도 저는 당당히 '전국 수석' 또는 '공부의 신'이라니…, 이건 아닌 것 같은데…."라고 말해 주위 사람들에게 미소를 안겨주었다.

BEST 1

강용택의 '인생과 공부'

통영이 배출한 고시 3관왕

강용택은 경남 통영에서 1943년 출생, 통영고교를 나와 서울대학교 법과대학과 서울대학교 사법대학원을 수료하였다. 1968년 제9회 사법시험에 합격한 뒤 군법무관을 거쳐 검사로 임용되었다. 1980년 부산지방검찰청 검사를 지냈고, 다음 해 1981년 춘천지방법원 판사가 된 뒤 서울고등법원 판사, 대법원 재판연구관, 부산지방법원 부장판사 등을 역임하고 1988년 변호사로 개업했다. 그는 사시 2차 합격 소식을 듣고 이렇게 말했다.

> "이제는 끝났다는 생각, 다시 말해서 시험공부로 인한 고생이 지겹다는 생각뿐이었다. 그런 지겨움과 압박감 등에서 벗어났다는 생각이 가장 먼저 떠올랐다."

대기업 사원에서 대학생, 대학원생으로 신분이 바뀌었고, 검찰

사무직 합격, 법원행시 합격, 법원 근무, 학원 강사 등 그가 살아온 길이 남과는 사뭇 다른 여러 길이었다. 그런 까닭은 무엇이었을까?

"환경에 순응하지 않는 도전적 성격과 이상에 대한 욕망이 강했기 때문이었다. 고등학교 1학년 때 아버지를 여의고, 제 스스로 여러 문제를 결정을 하지 않으면 안 되었다. 좌절하지 않고 집념으로 현실을 극복하려는 마음이 절실했다. 무엇보다도 자존심을 생활신조로 삼았다. 자존심에 대한 개념이 사람마다 다르겠지만 나는 나의 인격과 능력에 응당한 처우가 아니라고 생각되면 항상 새로운 것을 추구하였다. 이런 것 때문에 남들과는 다른 삶을 살게 된 것 같다."

그가 사법고시에 뜻을 둔 것은 매우 독특하다.

> "행시와 법원고시, 사시 이외의 여러 시험도 그 분야에서는 하나같이 대한민국 최고의 시험이다. 그러나 고시 준비의 목적이 사법고시이었으므로, 행정고시와 법원고시에는 큰 미련이 없었다."

왜 사법고시에 관심을 가졌을까?

"어렸을 때부터 아버지가 고시에 대해서 많은 말씀을 해주셨다. 그래서 고시를 보아야겠다는 생각을 막연히 가지게 되었다. 그러다가 고교를 졸업하고 사회생활을 하면서 나의 능력을 정확히 평가받고 싶어 고시를 보려고 대학 진학을 결정하였고, 4년을 그 한계로 정하였는데 처음 생각과는 달리 8년이 걸렸다."

그는 담담하게 실토하였다.

"사람에 따라서는 사회에서 인정받는 방법이 다르겠지만, 나는 고시 합격이 사회에서 가장 빨리 인정받을 수 있다고 생각을 해서 고시를 선택했다."

남들은 한 가지도 힘든 국가고시를 3개씩이나 합격하게 된 비결은 무엇이었을까? 그의 공부 방법론은 매우 특이하였다.

먼저 암기보다 기본 서적을 소설처럼 읽었다. 다시 말하지만 기본 서적을 손에 들고 소설책을 읽는 기분으로 쭉 읽었다. 4~5일 내지 1주일 정도 걸려서 처음부터 끝까지 읽고 전체의 체계를 먼저 대충 파악하였다. 그다음에 다시 정독을 하고, 그리고 정독 후에는 내 수준에 맞는 편한 문제집, 객관식이나 주관식을 포함하여 문제집을 선택해서 차근차근 살펴보면서 그 내용을 내 것으로 만들었다. 그런 과정에서 이해가 되지 않는 부분은 기본 서적을 다시 읽었다. 그리고 계속해서 다른 과목을 하고, 전체 과목이 끝나면 다시 문제집부터 보면서 반복을 거듭하였다. 처음부터 굳이 암기를 하려고 하지 않았고 항상 이해 위주로 책을 보다가 시험 2~3개월 전부터 암기를 시작하였다.

그렇게 공부하는 과정에서 슬럼프에 빠질 때 그 슬럼프에서 빠져나오는 방법, 그를 극복 하는 지혜를 어떻게 짜냈을까?

"슬럼프라고 생각되면 책을 덮어 놓고 아예 공부를 하지 않았다. 등산을 하고, 공원을 산책하고, 집에서 아이들과 함께 지내면서 기분 전환을 했다. 그렇게 하면서 공부를 해야겠다는 생각이 들 때까지 책을 손에 들지 않았다. 이러다 보면 길어야 3~4일이 지나면 다시 공부를 하게 되었다. 공부에서 벗어난 공백은 불과 3~4일 정도였다."

포기하지 말고 꿈을 펴라

고시 준비를 위한 각각의 시험 기간과 공부 장소는 어땠을까? 그는 직장생활을 하다가 뒤늦게 1992년도 대학에 들어갔다. 그해 겨울부터 본격적으로 사시 공부를 시작하였다.

이때 학교 고시반에서 여러 선배의 도움을 많이 받았다. 행시는 사시와 과목이 유사하고, 학교 고시반에서 거의 매월 모의고사를 보면서 평소에 시험 준비를 철저히 했다.

그 때문에 1차는 대학 3학년 때 시험 전 약 2주일 정도, 2차는 대학 4학년 때 약 3개월 동안 준비를 했다. 행시 준비 때는 학교 고시반에서 주로 공부했다. 법원고시는 1997년 사시 2차 실패 이후에 98년 5월부터 1년 동안 사시 1차에 대비하여 후배들과 스터디를 할 때에 함께 준비하였다.

그러니까 약 5개월 정도 공부를 하였고, 2차는 법원고시 1차 합격자 발표가 있은 후 약 3주 동안 민사소송법을 2주 정도 대비하고, 그리고 1주일은 나머지 과목에 투자했다. 법원고시는 거의 집에서 공부하고 스터디만 독서실에서 하였다.

특히 사시를 준비할 때에 학원 강사로 강의도 하였다. 그런 틈바구니에서 시간 안배를 어떻게 하였을까?

본격적인 고시 대비는 강의 자체와도 연관되기 때문에 형사소송법, 형법, 행정법, 헌법 등에는 많은 시간을 배분하지 않았다. 시험 보기까지 마지막 정리를 과목당 3회씩 하는 것을 기본으로 삼았다.

그렇다면 고시 준비 기간 중에 학원 강의를 들은 적은 없었을까? 행정고시와 법원고시 준비 때는 전혀 학원 강의를 듣지 않았고, 사법고시를 준비하면서는 1996년도에 학원 강의를 들었고, 그 뒤로는 상법 강의를 받았다. 학원 강사가 강의를 듣는다는 것이 알려질까 봐 무척 조심했다.

만일 그런 사실이 알려진다면 남들이 어떻게 여길지 염려가 되었기 때문이다. 시간이 없었기 때문에 강의를 들으면서 마지막 정리를 하였는데 도움을 많이 받았다.

개인적으로 가장 힘들었던 때도 있었을 텐데 어떻게 해결하고 풀어나갔을까?

"시험 기간 중 가장 힘들었던 시기는 아마도 1996년부터 97년이라고 생각한다. 이때 사시 2차를 준비하였는데 하루에 3시간 이상을 공부할 수가 없을 정도로 건강이 악화되어 무척 어려움을 겪었다. 결국, 1997년 사시는 실패로 끝나고 말았다."

여기서 좌절하지 않고 오뚝이처럼 일어났다. 무엇이 그를 일으켜 세웠을까? 그는 어떤 꿈을 가졌고, 또 앞으로 목표는 무엇일까?

그는 기어코 사시에 합격하고 마침내 고시 3관왕의 꿈을 이루었다. 앞으로 또 다른 시험, 더 이상 다른 시험을 본다고 하면 사람들이 비난할 것 같다. 그러나 박사학위를 따내고, 그다음에는 변호사 자격을 가지고 대학에서 학생들을 가르치는 꿈을 꾸고 있다.

고시를 준비하는 여러 사람들에게 "포기하지 말고 자신감을 가지고 성실하게 생활하기를 바란다. 절대로 환경에 굴복하지 말라."라고 당부했다.

운동권 리더 고시 3관왕 이정우

체포-복역의 아픔 겪고 합격

1980년대로 접어들면서 반공의 깃발은 사라지고 민주화 바람이 대학가를 강타하였다. 고시 출신의 법조인이자 정치인 G가 실토했다.

"민주화를 가장한 좌파세력이 6 · 25전쟁 세대와 전후 산업화 세대를 갈라놓고, 반민주 반독재를 외치는 이상 열기를 드러냈다. 그들은 대한민국의 존재를 흔들며 위기로 몰아넣기 시작했다."

그런 시대적 흐름 속에서 고시 3관왕이 된 인재들 중에서 일부는 여전히 정치권으로부터 러브콜을 받았지만 이를 마다한 채 한 우물만 판 사람도 있다. 이정우 변호사가 그중의 한 사람이다. 그는 대성고를 나와 서울대 법대 재학 중 서울대 초대 총학생회장을 지낸 인물이다.

그는 유시민 · 김영춘 · 송영길 등과 함께 1980년대를 주름잡은 전설의 운동권 출신이며 한총련의 전신인 전대협 창설자로 알려져 있다. 2011년 4 · 27 경기도 분당 재보선에 민주당 공천 후보로 거론되기도 했으나, 극구 사양한 채 변호사 활동에만 전념하였다.

정치권에서 들어오라고 러브콜을 보내는데도 "내가 갈 길이 아니다."라며 선을 긋고 마다한 고시 3관왕이다. 서울대학교 첫 직선 총학생회장 출신으로 금배지를 손쉽게 따낼 수 있었음에도 사양하여 화제의 주인공이 되었다.

이정우 변호사는 '운동권의 리더' 출신으로 고시 3관왕의 영예를 누렸다. 서울대 학생 시절, 1980년대 학생운동을 이끌다가 국가보안법 위반 혐의로 복역한 뒤 1년 6개월 만에 사시 · 행시 · 외시에 패스한 수재이다.

그는 한때 고시촌으로 널리 알려진 서울대 인근의 신림동 고시 학원가에서 민법 강의로 명성을 떨치기도 하였다. 그가 서울대 총학생회장으로 선출된 일화는 대학가의 화제였다.

5공 시절 1984년 9월 서울대 공법학과 4학년 재학생으로 총학생회장 선거에 나선 그는 당시로서는 충격적인 공약을 내걸었다.

"남북 학생회담 개최를 추진하겠다!"

반공 사상을 정치 이념으로 삼고 있던 당시에 이 공약으로 대학가는 물론 한국 정치계에 충격을 주면서 파문을 일으켰다. 그는 뛰어난 화술과 대중 연설로 학생 운동권을 이끌고 총학생회장에 당선됐으나 당선 4일 만에 서울대 프락치 사건으로 체포 영장이 떨어지자 일단 도피하였다.

그는 본의 아니게 도피 생활을 하던 중인 1984년 11월 3일 연세대에서 전국 대학 학생대표들을 모아 현재의 전대협 모태가 되는 전국학생대표기구를 결성하고 의장을 맡는 등 '대중 선동의 귀재'로 불렸다. 그러나 법을 어긴 탓에 체포되고 재판을 받아 1년 6개월간 복역하는 고초를 겪었다.

경찰에 체포된 뒤 서울대학에서 제적을 당한 그는 1년 6개월의 형을 마친 뒤에 1988년 복학과 동시에 고시 준비에 뛰어들었다.

그는 3년 동안 고시 준비에 매달려 법전을 파고들어 마침내 제35회 행정고시에 최종 합격하고, 1990년 외무고시에 합격한 뒤에 사법고시에도 합격하여 고시 3과에 모두 합격해 화제를 모았다.

그는 고승덕의 뒤를 이어 고시 3관왕을 차지한 입지전적 인물이다. 386 젊은 학생들이 한창 주가를 올릴 때, 정치권에서 손길을 내밀어도 사절하고 재야에 머물며 정치 불참의 고집을 지켰던 인물로 유명하다.

그는 행시의 최종 합격 소식을 전해 듣고 언론 인터뷰에서 "이를 세속적인 출세의 시각으로는 보지 말아 달라. 제도권에 직접 참여하여 고통받는 사람들을 위해 현실을 개선하는 데 노력하겠다. 자유로운 상태에서 뜻을 펴기 위해 판사·검사 대신 변호사를 지망했다."라는 말을 분명하게 밝혔다.

즐기면서 공부하는 법

이정우는 고시 3관왕 합격기를 이렇게 털어놓았다.

> "즐기면서 공부하라! 공부를 '고생'으로 생각하지 말고, 그렇게 여기지 도 마라. 즐기면서 공부하면 반드시 성적이 오른다."

흔히 재벌 2세들은 고생을 전혀 모르면서 자라 최고 CEO 자리를 물려받은 금수저 행운아로 여긴다. 이런 현상은 지극히 당연한 결과이며 숙명이라고 생각한다.

그러나 이들은 학창 시절에도 별로 뛰어나게 공부를 잘하지도 않았고 그럴 필요도 느끼지 않았다. 고생의 의미도, 고생의 쓰라림도 경험하지 않고 대충대충 경영 수업을 받은 뒤에 CEO 자리에 앉게 된다. 그래서 최고경영자로서의 경험은 물론 자질도 미숙하다는 지적과 함께 선임 임직원들과의 갈등과 마찰을 빚는 경우가 많다. 이런 결과는 흔히 구조조정이라는 이름의 인사이동으로 이어진다.

그런 2세들은 창업주인 아버지의 고통이나 고생을 전혀 의식하지 않기 때문에 기업 경영에 따른 회사 사업과 세상살이를 이해하는데 부족함이 많을 수밖에 없다.

사업에 대한 구상이나 계획에 대해서는 학교에서 배운 현대 경영 기법을 인용한다면서 매우 의욕적이다. 하지만 이러한 자신의 계획을 임직원들에게 어떻게 전달하고 어떻게 소화하며 수용해야 하는지, 또 기업체 안의 종업원들을 어떻게 다루어야 하는지에 대해서는 미숙하고 잘 모른다. 그래서 의욕과 현실 사이에 갈등을 일으키고 과욕을 나타내는 경우가 흔하다.

학생들이 공부를 하면서 성적이 오르지 않을 때 심한 갈등에 빠지듯이, 고시 준비생들도 법조문과 씨름을 해도 제자리걸음만 계속될 때 좌절을 느끼게 마련이다. 그러나 여기서 탈출하는 지혜가 필요하다. 갈등의 골이 깊을수록 진보는 없어진다.

사람들은 흔히 어떤 문제에 부딪혔을 때에 "왜 나만 이런 고통을 당하는가?"라는 생각을 하게 된다. 지혜의 단계, 영혼의 단계는 사람에 따라 다르다. 그렇기 때문에 같은 고시 준비생이라 해도 내가 겪는 고통과 네가 겪는 고통은 사뭇 다르다. 그러므로 "왜 나만 성적이 오르지 않는가?"라는 생각을 버려야 앞으로 나아간다.

"그래! 나의 지금 상황은 괴롭지 않다."라고 생각하면 상황은 완전히 달라진다. 학교에서 또는 강의실에서 일어난 수업 스트레스에서 벗어나려는 생각을 하면 잊을 수 있다. 그 일을 잊고 나면 또 다른 문제로 고민을 하게 되는 것이 인간이다.

그러나 신은 인간에게 고통을 느끼게 하면서도 세상에서 일어난 현실로 그것을 깨우치도록 이끌어 준다. 고통은 자기 자신이 불러들여 키우는 경우가 흔하다. 성적이 오르지 않는다. 그런 생각을 마음으로부터 씻어내고 버리려는 생각을 하면 성적이 오른다.

가령 학교 수학 시간에서 '1+1=3'이라고 쓴다면 선생님은 예외 없이 X표를 한다. 그리고 그 답이 3이 아니라 2라는 것을 깨닫게 해준다. 학생의 고통이 계속되는 것은 바로 이러한 논리이다. 어떤 일이 잘못되었을 때 흔히 "나는 잘못하지 않았다."라고 말하기 쉽다.

그러나 세상이 초고속 기하급수적으로 변한다 해도 '1+1=3'이라는 계산 기법은 없다. 채소 가게에서 생선을 팔지 않는 것과 같다.

고민 갈등을 풀어내려는 해법부터 고쳐야 한다.

"학생의 고민은 무엇인가?" 성적이 오르지 않는다고? "어떻게 해야 성적이 오르는가?"라고 질문을 하는 학생들이 많다. 선생님에게 상담을 해도 시원한 해법이 없다. 성적을 올릴 수 있는 시원한 해법이 없어 답답하기만 하다.

학생의 성적이 나쁘다는 사실만으로 그의 장래 진로가 암울하다고 여기는 것은 큰 잘못이다. 학교 성적이 곧바로 사회 성적으로 이어지는 것이 아니기 때문이다.

왜 사람들은 학교 성적표에 그토록 매달리는가? 학교 성적이 나쁘다는 사실만으로 그 사람의 모든 것을 평가하는 사회 풍조가 크게 잘못된 것이다. 하지만 사회는 여전히 학교 성적순으로 사람의 신분을 평가하고 있다. 결국은 공부를 잘 못 해서 학교 성적표가 나쁘면 사회에서 제대로 활동하기가 어렵다는 성적표 인생을 사회가 계속 만들어 가고 있는 것이다.

곤경 속에서도 희망의 길은 있다. 인간은 괴로운 일을 만나면서 세상을 살아간다. 위기의 순간, 막다른 골목처럼 여겨지는 때도 만날 수 있다. 하지만 불필요한 생각을 하면서 세상을 살아갈 필요는 없다. 본래 행복이라는 것이 어느 날 갑자기 하늘에서 뚝 떨어지는 것은 아니라 해도 그런 찬스를 만날 수 있는 것이 인생살이라고 일컫는다.

'길은 반드시 열린다'는 굳은 신념으로 세상을 긍정적으로 보면서 현실을 극복하면 나름대로 성공하고 행복을 누릴 수 있다.

제5장

집념의 천재들

- 공부의 비결
- 일선 경찰로 고시 3관왕
- 무서운 도전자들
- 고시와 과거 제도
- 신통력의 9도장원 율곡 전설
- 조재연 대법관의 끈기

공부의 비결

공붓벌레들의 열기

공부를 잘하는 중 · 고교생들이라면 아마도 서울대학교에 들어가는 꿈을 꾸고 있을지 모른다. 그런 흐름은 서울대학교 개교 이래 계속되어 왔다. 최고 수준의 인재들이 모여 공부하고 졸업한 뒤에는 내로라하는 직장에 들어갈 수 있다는 기대와 실증實證이 있기 때문이다. 예나 지금이나 머리가 좋은 수재들이라면 서울대학교에 들어갈 수 있다고들 말한다.

'머리만 끝내주게 좋으면 서울대에 합격할 수 있다'거나 '노력만 열심히 해도 서울대에 들어갈 수는 있다'는 말이다.

그러나 머리만 좋은 것 가지고, 혹은 노력만으로 서울대에 꼭 입학할 수 있는 것은 아니다. 그만큼 입학이 어렵다는 말일까? 더구나 들어가기도 어렵다는 서울대를 수석 입학하고, 수석 졸업을 하는 수재들도 있다.

수석 입학, 수석 졸업생의 비결은 무엇일까?

수석으로 들어간 사람들이라면 비상한 두뇌는 물론이고, 공부에는 도가 튼 공붓벌레들이라고 흔히 일컫는다. 과연 그럴까?

내로라하는 수재, 영재, 천재들조차 언감생심 꿈조차 꾸기 어려운 게 '서울대 수석 입학' 자리일 것이다. 그러나 누군가는 해마다 서울대에 수석으로 입학하고 또 수석으로 졸업하곤 한다.

거의 모든 부모는 자녀들의 교육에 정성을 기울인다. 유아 시절부터 초 · 중 · 고교 때까지의 교육과정을 오로지 좋은 대학교 진학에 목표를 두고 뒷바라지를 한다. 그래서 어린 시절부터 좋은 대학교 진학이라는 굴레를 쓰고 공부한다. 적어도 인생의 4분의 1을 공부와 학업 성적에 매달려 골몰해야만 하는 것이 오늘의 우리 현실이다.

대한민국에서 서울대 수석이라는 라벨을 달면 어느 정도 장밋빛 인생이 보장된다고 믿어 왔고 또 그런 확실성을 보여 주고 있다. 그렇다면 그 빛나는 수석 라벨을 달았던 사람들의 그 후 인생 여정은 어떻게 되었을까? 많은 사람이 관심을 가졌던 서울대 수석 입학자들은 지금 어디서 무슨 일을 하고 있을까?

여러 해 전에 이에 대한 연구 보고서가 한 꼭지 나와 언론에 간략하게 보도된 일이 있었다. 그 보고서에 따르면 당시 서울대 수석 입학자 23명을 분석한 결과, 수석 입학자 가운데 82%인 19명이 대학 교수가 된 것으로 밝혀졌다. 그중 절반인 9명은 모교인 서울대에서 교수로 제자들을 가르치는 것으로 알려졌다.

그런데 연세대, 고려대, 이화여대 등 다른 대학의 수석 입학자들은 상대적으로 회사원이나 사업체를 운영하는 경우가 많은 것으로 나타났다.

선망의 대상

1960년대는 1945년 8 · 15광복과 1950년 6 · 25전쟁 이후 산업화 시대로 접어들면서 교육열이 불타기 시작한 시절이다. 6 · 25전쟁이 일어나고 3년 뒤인 1953년 휴전이 되고 전쟁의 소용돌이에서 안정기에 접어 들었다.

연합고사로 진학할 중학교를 선택하여 중학교 입학시험을 치러 들어가고 고교는 입학시험을 별도로 치렀다. 그래서 공부깨나 한다는 중학생들이 세칭 일류 고교에 진학하면서 자연히 수재들이 다니는 고등학교가 형성되었다.

일류 고교 대부분이 가건물에 콩나물 교실이 많았다. 그러나 학생들의 공부 열기로 교실은 뜨겁게 달아올랐다.

"도시락을 2개씩 싸 들고 등교하고 밤늦게까지 교실에 남아서 교과서를 통째로 외우고 세계 명작을 읽으며 실력을 넓혔다. 공부깨나 한다는 고교생들이 너도나도 서울대 입학의 꿈을 안고 공부했다. 대학 진학 후에는 모두가 고시 바람에 휩싸였다."라고 대검 중수부장과 법무장관을 지낸 뒤 대학 총장이 된 원로 법조인이 회고했다.

그런 흐름 속에서 고교생들에게는 한국의 최고 대학으로 이름난 서울대학교에 들어가는 것을 꿈으로 여겼다. 그런 꿈은 지금도 계속되고 있다. 그렇다고 모두가 들어갈 수 있는 것은 아니다. 입학

정원이 있기 때문에 경쟁이 심하다.

전국의 수재들이 모여드는 상아탑인 서울대 수석 합격자라면 지금쯤 사회에서 뭔가 한 자리씩 맡고 있을 것이 아닌가? 그렇다면 그 사람들은 현대 인물 정보에 담겨 있을 것이다.

머리를 써라

수재는 무엇이고, 천재는 무엇인가? 수재秀才는 뛰어낸 재주를 지닌 사람이고 천재天才는 선천적으로 탁월한 재능을 가지고 태어난 사람이라고 사전에 밝혀 놓았다. 결국, 그 말이 그 말 아닌가?

사회적으로는 고도의 창조 활동을 하거나 뛰어난 사회적 업적을 달성하여 보통 사람들인 범인과는 확연하게 다른 능력 또는 재능을 가진 인물들을 통칭한다.

수재와 천재의 차이 기준은 지능지수로 나타낸다. 그러나 이는 단순한 입장일 뿐 절대적이라는 것이 못 된다 하여 그 신빙성을 잃어 가면서 수수께끼로 연구의 대상이 되고 있다.

그러나 사회적 통념으로 고시에 합격하거나 학력고사에서 수석을 차지하는 학생, 국제대회에서 탁월한 성적을 거두는 등 어려운 일, 뛰어난 업적을 이룩하는 사람을 수재 또는 천재라고 일컫는 것은 보편화되어 있다. 고시에서 수석 합격하거나 사시, 행시, 입법고시 등을 휩쓸어 고시 3관왕을 따내는 삶들을 수재 또는 천재라고 부르는 것은 매우 당연하게 여긴다. 학교 공부나 고시 준비에서는 그 결과가 역시 성적 순위라 경쟁이 생기고 그 다툼이 치열해질 수밖에 없다.

세계의 두뇌들이 모였다는 미국 하버드대학 로스쿨이나 의대도 마찬가지이다. 하버드 로스쿨이나 의대는 우수한 인재를 양성하기 위해 새로운 교육 프로그램으로 교육을 실시하는 것으로 유명하다. 그런 이유는 질 좋은 법률 서비스나 의료 활동을 하도록 이끌어 주기 위한 것이다.

일선 경찰로 고시 3관왕

오승진의 합격기

경찰대학 법학과 출신인 오승진은 제26회 입법고시 법제직에 수석 합격한 뒤, 제54회 행정고시 법무행정에서 차석으로 합격하고, 제52회 사법시험도 합격한 수재형 경찰관이었다. 현재 국회 사무처에서 일하고 있다.

고시 3관왕 오승진은 사법연수원을 졸업한 뒤 바로 국회 사무처로 돌아갔다. 그는 고시 3과에 합격하고 국회 사무처로 가는 첫 사례를 기록한 인물이 되었다.

국회 사무처에 따르면 사법고시와 입법고시에 합격한 뒤 국회로 온 사람은 1998년 처음 나타났다. 그런 인재가 9명에 이른다. 변호사 경력을 인정받아 특채로 들어온 사람도 13명이나 된다. 그러나 국회 사무처의 고시 3관왕은 오승진 한 사람뿐이다. 그는 자신에 대해 이렇게 말했다.

"나는 결코 대단한 사람은 아니다. 어쩌다 보니 고시 3관왕이라는 분에 넘치는 영광을 얻었다. 처음부터 3관왕을 목표로 공부했던 것이 아니라, 그저 어느 한 가지 시험이라도 꼭 합격해서 수험 생활을 마무리 할 수 있기를 간절히 바란 평범한 수험생이었을 뿐이다."

그는 고시 중에서도 별이라는 사시, 행시, 입법 중 어느 하나에라도 합격한 사람이라면 다른 시험도 충분히 합격할 만한 능력을 갖추고 있다고 생각한다. 그런 사람들보다 낫기는커녕 오히려 시행착오로 가득한 수험 생활을 해온 과거가 부끄럽고 여러 가지로 민망하기 그지없다고 말했다. 그러나 부끄러운 수험 생활의 기록일망정 지금 고시를 준비하고 공부하는 사람들에게는 시행착오를 줄일 수 있는 작은 도움이 될 수 있으리라는 생각으로 부족하나마 수험생활의 과정을 떠올려 보고자 한다고 털어놓았다. 그는 전문 법률지를 통해 자신의 고시 도전기를 진솔하게 밝혔다.

고시 합격으로 새 전환

서울 광문고 3학년 시절, 서울대 언론정보학과와 경찰대 법학과에 나란히 합격했다.

어느 대학으로 들어갈까? 대학 선택을 놓고 무척 고민하다가 하루라도 빨리 공직에 진출하여 보답해야겠다는 생각으로 경찰대에 진학하기로 결정했다. 그러나 준비 없는 경찰대학 생활은 무척 힘겨웠다. 제복과 기숙사로 상징되는 엄격한 통제로 학업마저 의욕을 잃었다. 그러니 성적이 좋을 수가 없었다. 결국, 3점대 초반의 학점에 그치면서 중하위권에 머물렀다.

3점대라면 사실 어디에도 떳떳하게 내놓을 수 없는 부끄러운 성적이다. 이런 성적으로 겨우 졸업하고 보니 앞길이 난감하다는 생각이 들었다.

졸업 후 제주 해안경비단으로 첫 발령을 받았고, 그 뒤에 경기 광명경찰서로 전근되었다. 초임 경찰 시절에 맞닥뜨린 현실은 더욱 만만치 않았다. 날마다 고된 격무에 시달렸다.

본래 경찰이라는 직업이 안일하거나 편안한 그런 직업이 아니다. 하지만 사회 초년병, 그것도 어린 나이에 너무나 힘들었다. 고된 복무 끝에 A형간염을 얻었다.

여기서 경찰이 아닌 다른 직종을 바라보게 되었다. 그렇다고 경찰이라는 직업이 나쁘다는 것은 절대 아니다. 허약한 체질이라, 경찰관 업무 수행이 엄청난 시련이었기에 다른 곳으로 시선을 돌려 보려는 생각을 하게 된 것이다.

믿을 건 두뇌뿐이었다. 2008년에 형법, 경찰실무, 행정법의 3과목을 보는 승진시험에 응시했으나 무모한 도전이었다. 합격 예정 인원의 3배수에도 들지 못하며 떨어졌다.

고시공부를 시작하게 된 결정적인 계기는 2008년 6월의 촛불시위였다. 사회적 갈등의 현장에서 그 어려움을 온몸으로 감당해 내면서도 비난의 표적이 되는 경찰 동료들의 아픔을 함께 느끼면서 경찰이 생각하는 정의와 시민들이 생각하는 정의가 엄청 다르다는 현실감을 뼈저리게 느꼈다.

제51회 사법시험 1차 시험이 230일 남은 시점이었다. 1차 고시 준비는 2008년 7월 1일 시작하여 2009년 2월 21일까지 약 8개월 동안 계속하였다. 기본 목표는 제51회 사법시험 1차 시험에 합격하자는 것이었다. 그런 목표로 고시 공부에 매달렸다. 뒤늦은 출발이었으나 부족한 시간은 성실함과 집중력으로 만회하겠다는 의지로 가득 차 있던 시기였다.

이미 고시촌으로 이름난 서울 신림동에서는 민법과 형법의 기본 강의가 모두 끝나고 헌법 기본 강의가 한창이었다. 그런 판에 수험생활의 성패는 민법에 달려 있다는 판단을 하였다.

A대학 고시반에서 명성을 떨치던 Y 강사의 민법 강의를 듣기 시작했다. 그러나 개인적 사정으로 총칙도 끝내지 못하고 다른 고시원으로 옮겨 또 다른 강사의 기본 강의를 들어야 했다. 더구나 이해조차 되지 않는 민법 문장들에 막혀 앞을 분간하기도 어려운 미아가 된 느낌이었다.

가슴을 날카로운 칼로 저며내는 듯이 아픔이 다가왔고, 무언가 화끈한 것이 치밀어 오르는 듯 답답한 마음에 의자에 오래 앉아 있을 수가 없었다. 그런 상황이라 하루에 3시간을 계속 공부하는 것도 힘들었다.

기본 강의 수강에 충실

기본 강의를 힘겹게 듣고 진도별 모의고사에 최선을 다했다. 민법 기간에는 형법, 형법 기간에는 헌법 기본 강의 테이프를 교차로 들으며 정리하여 시간을 효율적으로 활용해 보려고 했지만, 매일 계속되는 시험의 압박과 진도에 대한 부담으로 모의고사 성적은 답보 상태였다. 민법은 겨우 38점, 형법은 55점대로 아주 저조했다.

테이프 듣기도 엉망이었다. 형법은 106개 중 26개에 불과했고, 헌법은 86개 가운데 68개에 머물렀다. 점수도 나빴지만 문제에 대한 해설조차 이해할 수가 없었다. 고시를 보겠다는 준비생으로서 너무나 한심한 수험생이었다. 한동안은 불면증에 잠 못 이루는 밤이 이어졌다. 제일 늦게 시작한 헌법 모의강의라, 이미 지나가서 듣지 못한 기본 강의는 테이프를 듣는 것으로 끝내기로 마음을 정했다. 기본 강의를 테이프 강의로 대치하는 가운데 집중적으로 마음을 기울였더니 짧은 기간에 반복 효과가 생겨서 조금 이해가 되는 듯 했다.

오전 강의를 듣게 되니 생활 습관도 올빼미 야간형에서 아침형으로 바뀌어 공부 시간 확보에 큰 도움이 되었다. 맨 앞자리에서 수업을 듣고 싶어 새벽 5시 40분에 일어나 6시~6시 10분 사이에 강의실 앞자리를 잡곤 했다.

시간이 얼마 남지 않았지만, "상유십이 순신불사尙有十二 舜臣不死" 라는 말씀, 곧 "아직 열두 척의 배가 남아 있고 이순신이 죽지 않았다."라는 결의로 명량해전에 임했던 충무공 이순신 장군의 결연한 모습을 떠올리며 용기를 얻기도 했다. 참으로 숨 가쁘고도 치열한 시간들을 보낸 끝에 헌법은 평균 성적이 72점대로 오르면서 성적 우수자에게 주는 5만 원의 장학금을 받았다. 이 장학금은 고시공부를 시작한 이후 처음으로 뿌듯함을 느낄 수 있는 자극제가 되었다.

이 무렵 전체 과목 범위 모의고사를 보았는데, 헌법은 83점, 형법은 57점, 민법은 40점으로 헌법에 비해 민법과 형법은 형편없이 낮아 아직도 갈 길이 멀다는 것을 절실하게 깨달았다.

마지막 점검에 운명 걸어

모든 일에는 시작보다는 최종 마무리가 중요하다고 말한다. 고시 보는 날이 가까워지면서 그즈음부터 마지막 날까지 무엇을 보며 최종 정리를 할 것인지에 고민했다.

진도별 모의고사 막판부터 수첩을 만들어 여러 번 들여다봐도 잘 외워지지 않는 부분과 단순 암기 사항, 머리글자 등을 적어 두기 시작했다.

"10회 읽기보다 1회 정독이 더 무섭다."라고 한다. 고시촌에서 흔히 하는 말인데, "10회를 거듭하여 읽은 사람보다 방금 한 번 정독한 사람이 더 무섭다."라는 격언이다.

1교시 과목을 잘 보면 기선을 제압할 수 있지만, 반대로 잘못 보면 심리적 타격이 크다는 생각으로 시험 전날과 당일 오전에는 헌법과 국제법에 더욱 신경을 써서 보았다. 자주 출제되는 총론상의 이론적 쟁점들을 학설에 따른 결론과 비판까지 정독하여 3~4점으로 배점되는 박스형 문제에 대비하였다.

전년도 1차 시험 기출문제를 구해 실전처럼 시간 내에 풀어 보았다. 고시 하루 전날이다 보니 시간의 부담도 되고, 이미 눈에 익숙한 지문이 많아 큰 효과가 없지 않을까 걱정했으나 실전과 거의 유사한 수준의 점수가 나왔다.

형법에서 37번까지 잘 풀다가 38번에서 막혀 시간을 넘기는 실수를 했다. 이 경험이 다음 날 시간 관리할 때 약이 되었던 것 같다. 1교시에는 생소한 지문과 판례들이 다소 보여서 어려움을 겪었으나, 먼저 푼 국제법에서 시간을 번 덕분에 그럭저럭 쫓기지 않고 시간 내에 마무리 지었다. 민법은 뜻밖에도 너무나 어려웠다. 1문제당 최대 2분을 소비하면 다음 문제로 넘어가려 했는데, 시험 시작 후 10분이 지난 시점에서 5번 문제까지 하나도 풀지 못했다.

결국, 생각을 바꾸었다. 모의고사 때 수없이 연습했던 대로 반대로 뒤에서부터 풀기 시작했다. 앞부분에 어려운 문제들이 많이 배치된 탓인지 뒷부분은 상대적으로 수월했다.

사소한 뒷이야기

고시 공부를 하는 동안 건강과 생활 습관, 사소한 뒷이야기들도 많다. 함께 고시 준비 공부를 하던 친구가 뜻밖의 말을 했다. 그의 말은 생뚱맞았다.

"한국시리즈를 준비하던 야구선수들이 단체로 독감 예방접종을 맞았다는 기사를 보고는 나도 독감주사를 맞았다."

공부하는 학생들에게 최대의 적은 PC와 인터넷이었다. 처음 공부를 시작했을 때 친구에게 들었던 조언이 "너는 PC와 인터넷을 끊어야 한다."라는 것이었다. 그러나 그 충고를 받아들인다는 것이 쉽지 않은 일이었다.

고시 공부는 어렵고 마음은 잡히지 않아 유혹에 굴복하기 일쑤였고, 독서실 지하의 인터넷 휴게실도 모자라서 PC방으로 나가는 일도 자주 있었다. PC 앞에 앉으면 고시 공부를 할 때와는 달리 어찌나 시간이 잘 가고 자리에서 일어나기가 싫어서 2~3시간을 훌쩍 보내기 마련이었다.

1~2월에는 원서 접수 등 꼭 필요한 때에만 인터넷을 하게 되어

공부 시간을 많이 확보할 수 있었다. 또한, 공부 시간을 늘리기 위해서 스톱워치로 매일 공부 시간을 체크하여 달력에 기록하고, 목표치를 체크했다.

휴대폰도 거의 사용하지 않았다. 휴대폰은 가지고 다녔지만 통화하면서 시간을 빼앗기는 것은 물론 바깥사람들과 접촉하면 마음이 흔들릴까 싶어서 거의 전원을 꺼두었다가 식사 시간에 잠깐 확인하여 필요한 연락만 취했다.

수험생 입장에서 최고의 안부는 합격자 명단에 이름 3자를 올리는 것이라는 생각을 하면서 모든 것을 차단했다. 참으로 비정한 인간처럼 변했다. 하지만 내일의 영광을 위해서 어쩔 수 없는 선택이었다.

스스로 학습하는 자세

학교에서 배운 것과 사회에서 실제로 펴는 업무와는 다른 경우가 태반이다. 그렇다고 업무상의 문제로 괴로워한다면 능력이 오르지 않는다. 어떤 문제가 생겼을 때 "어떻게 하면 좋을까?" 하고 고민하지 말고 대담하게 대응하는 자세가 중요하다.

마찬가지로 학습에서는 철저한 계획을 수립하는 일이 중요하다. 학습 과정에서 발생한 문제는 스스로 해결하는 것이 1차적 과제이다. 스스로 학습하고 문제를 해결할 수 없는 문제는 매우 특수한 경우가 아니라면 거의 발생하지 않는다는 것이 교육의 구조이다.

교육에서도 그런 것을 요구하지는 않는다. 교육은 어느 개인 한 사람에게만 특혜를 주거나 과중한 분량을 제공하지 않는다. 모두에게 공통된 조건을 제공한다.

학교 공부와 직업상의 업무는 바로 계단 오르기와 같다. 초등학교는 6개 학년 과정을 순서대로 밟아야 하고, 중학교와 고교도 각각 3개년 과정을 거쳐하며 대학은 일반적으로 4개년 과정을 거치게 되어 있다.

무슨 일이든 처음이 어려운 법이다. 그런 연유는 처음 대하는 일이기 때문이다. 하지만 일단 시작하면 거듭하는 사이에 익숙해지고 간편하게 처리할 수 있는 능력이 생긴다.

예를 들어 학년이 올라갈수록 교육과정도 늘어나면서 그 단계가 어려워진다. 지난해에는 학교 성적이 좋았는데 올해는 좋지 않다고 하면 새로운 교육과정에 적응하는 방법과 공부 방법이 잘못된 탓이다. 업무상의 일도 이와 마찬가지이다.

경쟁에서 이기는 사람에게는 고생의 문이 열리지 않는다. 그러나 경쟁에서 지는 사람은 고생의 문으로 들어갈 수밖에 없는 것이 사회적인 현실이다.

세상에는 하기 좋은 일과 하기 싫은 일이 있다. 공부도 그와 같다. 쉽게 잘 되는 과목도 있고, 어렵고 하기 싫은 과목도 있다. 하기 싫은 일이라고 기피하고 하지 않는다면 어떻게 될까? 그건 스스로 낙오자의 길을 선택하는 것이 된다.

안정을 취하라

고시 시험 기간에는 새벽 1시 40분쯤 잠자리에 들고 새벽 5시 40분쯤 일어났다. 부족한 수면은 저녁 식사 후 잠깐의 잠으로 보충했다.

첫날 헌법에서 '사법권의 독립'이 큰 문제로 출제되는 등 대부분 과목에서 어느 정도 준비한 쟁점이 조금씩은 출제되어 아무것도 못 쓰고 앉아 있는 고역은 피할 수 있었다. 실력은 물론 답안지 쓰는 요령도 부족하다 보니 분량 조절이나 목차 잡기가 쉽지 않았다.

대부분 과목에서 7개 문제 정도는 답안을 작성할 수 있었으나, 형법은 첫 문제에서 너무 시간을 많이 잡아먹는 바람에 6개 문제도 채우지 못하고 결국 과락을 맞았다. 평균 5점 차로 불합격되었다.

다만 형법 과락은 물론 1차 때 지식만을 믿고 안이하게 생각했던 헌법도 40.55점에 불과하여, 1차와 2차는 별개라는 점과 기본 3법에 보다 많은 시간 투자가 필요하다는 것을 깨달았다. 이후 실력을 쌓아 가는 동안 많은 노력이 부족했으나 운이 좋아 높은 점수를 얻었다는 것을 알게 되었다. 그러나 합격을 목표로 치열하게 공부하며 쌓인 실력과 넉 달 만에 대부분 과목에서 과락을 면했다는 자신감, 4일간 실전 시험을 치르며 0.01점이라도 더 받기 위해 노력했던 경험들은 이듬해 두 번째 도전할 때에 든든한 밑천이 되었다.

공부는 불도저처럼

흔히 "공부할 때는 딴생각 말고 불도저처럼 하라."라는 말을 한다. 공부에서는 짧은 시간에 전체의 줄거리나 흐름을 파악하는 능력을 길러야 한다.

공부를 하는 동안에는 싫증이 자주 난다. 공연히 머리가 아프고 소화가 안 되며 입술이 터지고 군것질을 하고 싶어진다. 그럴 때마다 머리를 긁고 고개를 흔들게 된다. 이를 스트레스가 발동한다고 이른다. 그 속에 잠기면 짜증이 쌓이고 신경이 예민해진다. 그런 행복한 유혹으로부터 탈출하는 지혜가 필요하다.

도서관에서는 유난스럽게도 잠이 잘 온다. 책을 읽을 때는 앞에서부터 순서대로 읽어 나가는 것이 정석이다. 그러나 공부가 잘 안 될 때에는 뒤에서부터 앞으로 읽어 오기도 한다.

더구나 고사장에서는 마음을 가다듬고 잡념을 버려야 한다. 정신을 하나로 모으면 이루지 못할 일이 없다는 정신일도하사불성精神一到何事不成 격언이 바로 천금과 같은 가르침임을 생각해야 한다.

평소에 잘 외우거나 꼼꼼한 사람도 고사장에서 지정된 자리에 앉아 시험지를 받아 놓고 보면 아물거리는 경우가 생긴다. 고시 공부에서의 마지막 터널은 고사장을 통과하는 것이다.

숨 막히고 답답한 여기서 딱 머뭇거리거나 걸리면 마라톤 코스로 힘차게 달려온 10년 공부가 허사가 되고 만다. 이 터널을 지혜롭게 통과하여야 햇빛을 보게 된다.

무서운 도전자들

'공부짱'과 '시험짱'들

흔히 고시 합격생을 천재라고 일컫는다. 그들은 대부분이 고집 세고, 자존심이 강하며 자기 뜻을 굽히지 않는 외곬 인생이라고 여긴다. 이들 고시 3관왕은 진정 대한민국에서 시험이 어렵다거나 무서운 줄 모르는 사람이라 하여 천재들의 표본으로 여긴다.

수재들이 몰려드는 서울대에는 '공부짱', '시험짱'이라는 주인공들이 있다. 이런 인물들 가운데 공부를 잘해서 서울대에 수석으로 입학하거나 수석으로 졸업하는 수재들도 있다. 서울대 수석 자리는 일정한 시간이 지나면 관심 밖으로 사라지는 경우가 보통이다.

그러나 서울대 수석 입학이나 수석 졸업은 아니라 해도 언론을 통해 혹은 주변 사람들과의 대화를 통해 공부 잘한 사람, 시험 잘 치르기로 유명한 사람들도 나타난다. 그런 사람들의 이야기는 사라지지 않고 오래 전한다.

사시, 행시 등의 고시와는 무관하게 또 다른 고시 3관왕을 차지한 '천재급 스타'들도 있다. 그런 인물들은 여러 명이다. 이들은 고시 3관왕은 아니지만 '다른 3관왕'으로 지금 정치권에서 큰 활약을 하는 대표적 인물이다.

그중의 한 사람으로 목포 출신 천정배는 '호남의 3대 천재'로 통한다. 1972년도 예비고사 전국 차석이자 인문계 수석을 차지한 뒤, 서울법대 수석 입학, 사시 합격 후 사법연수원을 3등으로 졸업한 수재이다. 법무장관을 지낸 그는 공부에 관한 한 둘째가라면 서러울 만큼 비상한 두뇌로 공부 잘했던 우등생이었다. 4선 국회의원으로도 두각을 나타냈다.

IQ 차이를 극복하라

"내가 남보다 IQ가 낮은가? 능력이 부족한가? 노력하지 않는가?" 성적이 뒤지는 학생들은 그런 생각을 하기 쉽다. 그러나 그런 의문에 사로 잡혀서는 안 된다. 할 수 있다는 자신감을 가져야 한다.

고시왕들은 거의 모두가 '나도 할 수 있다!'는 강한 의지로 고시 공부에 전념하고 드디어 통과한 노력파들이다. 본래부터 고시왕의 두뇌를 지니고 태어난 것은 결코 아니다.

남들이 어영부영할 때 야심차게 목표를 설정하고 고시 준비에 뜻을 두고 매달려서 값진 열매를 거둔 것이다. 목표를 세우고 그 길로 정진하는 동안 피나는 노력을 기울였다.

> "내가 어리석다는 생각을 갖지 마라."

이는 학생들에게는 꼭 필요한 요소이다. 뼈 빠지게 공부했는데도 1등을 못 한다거나, 성적이 오르지 않고 항상 중위권에 머물러 있다고 좌절감에 빠져서는 안 된다.

사법고시에 수석 합격한 어느 고시왕은 "전혀 생각도 못한 일이다. 학생 시절에 1등은커녕 우등상도 타본 일이 없다."라고 고백했다. 그는 공부에 관해 두둑한 배짱을 가졌다. 실패를 두려워할 것 없다고 스스로에게 다짐했다. 다만 오늘 할 일을 내일로 미루지 않았다. 그것이 스스로를 이끌어가는 지렛대가 되었고, 고시 사시에서 수석의 영광을 차지한 것이다.

그의 공부 비결은 학습 내용을 분석하고 파악하는 힘이 뛰어났고, 생각하는 방법이 긍정적이었다. 어떤 자만심이나 호기심으로 공부하지 않았다. 수업 시간에 충실하고 그날그날의 학습 과정을 그날로 소화하는 데 힘썼다. 부족한 내용은 보충 교재로 정복해 나갔다.

목표를 달성하기 위해서는 '백문불여일견百聞不如一見'이다. 한 걸음 한 걸음 착실하게 전진하는 것이 최우선의 방법이다. 갑자기 큰 일을 이루고자 성급하게 굴면 반드시 실패하게 된다.

목표는 실현 가능성이 있는 것으로 세우고 실천하는 것이 정석이다. 작은 성공은 큰 성공을 이루는 에너지이다. 지난번 시험에서 좋은 점수를 받았으므로 내일의 시험에서도 좋은 점수를 받을 수 있다는 자신감을 가지고 대처하는 것이 성공의 지름길이다.

반대로 처음부터 커다란 목표를 세우고 도전하면 실패할 확률이 그만큼 높아진다. 만일 실패를 했다면, 왜 실패를 했는지 원인을 분석해 보아야 한다. 또 다른 실패를 반복하지 않기 위해서다. 그 실패의 원일을 알고 나면 그 실패를 없애기 위해 노력하게 되고, 그 교훈을 어떻게 활용하면 좋을까 하는 계획을 세울 수 있게 된다. 그러면 좋은 결과를 엮어낼 수 있다.

고시에서의 실패 원인은 시험 문제의 고난도에 있는 것이 아니라 나의 준비 설정에 있다는 것을 알아야 한다.

"고시를 한 번에 패스하는 사람과 2~3차례 실패를 거듭하는 사람의 차이는 IQ의 차이보다는 전략의 차이에서 오는 갭이 더욱 크다."라고 고시왕들은 전한다.

고시와 과거 제도

성적순의 인간 세상

국가고시國家考試는 특정한 직위, 과정 등이 요구하는 학식, 기능, 기타의 자격을 갖춘 사람을 선발하기 위해 검증하는 시험 방법의 하나이다.

과거科擧는 옛날에 관리를 등용할 때 실시한 시험이다. 본래 중국 한나라에서 시작된 것으로 7세기 때부터 20세기 초에 이르기까지 약 1,300년에 걸쳐 그동안 임용 자격시험으로 시행되었다. 우리나라에서는 신라 제38대 원성왕 때에 독서출신과를 통해 관리를 등용하였고, 고려 제4대 광종 때 실시한 과거 제도가 고시의 첫 시작이며 조선 말기까지 이어져 왔다.

과科란 '과에 따라 관리로 뽑아 쓴다는 거용擧用'의 뜻이며, 시험 과목을 가리키는 것이 아니라, 관리의 종류를 의미하는 말이다.

그 뒤 광복 이후 대한민국 정부에서 국가고시 제도를 만들어 자격시험으로 시행하고 있다. 이는 국가 또는 지방자치단체 및 대행 기관 등에서 일정한 업무를 수행할 수 있는 지식, 기술, 기능 등의 자격 여부를 검정하여 그 권리를 허가하는 동시에 그 의무를 관리 감독하는 시험 제도이다.

형설지공의 비화

옛날 선비들은 달빛 아래나 반딧불 또는 소복하게 쌓인 흰 눈을 등불 삼아 공부하여 성공했다고 전한다. 이를 형설지공螢雪之功이라고 일컫는다. 형螢은 반딧불 형자이고, 설雪은 눈 설자이다. 고생하며 애써 공부한 보람이 있어 공을 세우거나 출세를 하였다는 뜻이다. 형설은 옛날 중국 진나라의 차윤車胤이 반딧불을 등불로 삼아 글을 읽었고, 손강孫康은 눈빛으로 글을 읽었다는 고사에서 유래된 말이다.

차윤은 학문을 무척 즐기고 책 읽기를 좋아하였으나 집안이 가난하여 기름을 살 돈이 없어 해가 진 뒤 방안에 등잔불을 켜놓고 공부할 수가 없었다. 그래서 여름밤에는 포대에 반딧불을 넣어 그 빛을 등불로 삼아 공부를 하였다.

그렇게 공부한 보람이 있어 차윤은 뒷날 박학다식한 명사가 되어 관직에 나아가 시중, 이부吏部상서 등의 벼슬을 지냈다. 차윤과 마찬가지로 손강도 집안이 너무 가난해서 겨울밤에 눈빛으로 독서를 하여 벼슬길에 올라 어사대부가 되었다. 차윤과 손강의 이야기를 함께 엮어 전설처럼 전해 오는 말이 형설이다.

수나라 때 최책이라는 사람이 "반디를 모으고 눈에 비추어 글을 읽었다."라고 하였고, 《몽구蒙求》라는 책에 "손강은 눈에 비추고 차윤은 반딧불을 모아 글을 읽었다." 하여 형설의 공功이라는 말이 생겼다고 일컫는다.

신통력의 9도장원 율곡 전설

과거시험 아홉 차례 장원

조선 시대 율곡 이이李珥가 과거시험에서 아홉 차례 장원을 하여 선비들로부터 '9도장원공九度壯元公'이라는 칭송을 받았다는 전설 같은 일화가 전한다. 오늘날의 고시 3관왕과는 상당한 차이가 있지만, 조선 시대의 과거는 당시로서는 최고 최상의 국가고시였다.

조선 시대의 과거 제도는 소과라는 생진과, 대과라는 문과, 무인을 뽑는 무과, 기술직인 잡과의 네 종류가 있었다. 그때 과거시험 문과의 경우에는 15세 이상이 응시할 수 있는 생진사 또는 사마시에 초시 → 복시, 문과 초시 → 복시 → 전시로 이어졌는데. 문과 전시까지 합격해야만 비로소 과거시험 최종 합격의 영광을 따내는 것이었다.

문신인 이정구는 《월사집》에서 이렇게 밝혔다.

"율곡은 갑자년1564년에 사마시와 문과에서 모두 장원급제하였다. 이에 초시와 복시에서도 모두 장원급제한 것을 아울러서 사람들이 구도장원이라 일컬었으며, 곧바로 호조좌랑에 임명되었다. 이이가 생원시의 초시와 복시에 모두 1등으로 뽑히고 문과에서도 또 초시·복시·전시의 세 차례 시험에서도 1등으로 뽑혀 아홉 번이나 시험에서 모두 1등으로 합격하니, 사람들이 그를 구도장원이라고 불렀다."

율곡이 과거시험을 볼 때의 일화이다. 시험장에서 율곡이 수재라는 소문이 퍼지자 다른 응시생들이 율곡의 답안지를 보고 베껴 쓰기 위해 그의 주변으로 모여 들었다. 그러자 율곡이 말했다.

"나보다는 박 아무개가 더 명문장을 작성한다."

그 말에 응시자들이 그쪽으로 몰려가 보고 베껴 쓰기를 하여 모두가 불합격 처리되었다고 역사는 전한다. 율곡은 뒤에 명나라 사신이 조선을 방문할 때 이들을 접대하는 원접사 일을 맡았다. 이때 명나라 사신이 통역관에게 말하기를, "저 원접사는 사림士林의 기상이 있는데, 혹시 사림의 선비를 데려다가 이 직책을 맡긴 것이 아닌가?" 하였다. 이에 통역관이 대답하기를, "원접사는 장원으로 급제하여 벼슬이 숭품에 오른 사람이고 사림의 선비가 아닙니다." 하니, 명나라 사신이 또 말하기를 "아! 이 사람이 천도

| 율곡 이이

책을 지은 사람이구나!"라고 말하면서 감탄하였다.

율곡은 조선 시대를 대표할 만한 학자이자 스승이며 큰 인물이다. 불과 15세에 진사시험 초시에 1등으로 합격하고 그 후 이어서 8차례나 장원급제를 하여 모두 9차례 장원급제의 진기록을 세운 것이다.

율곡은 임진왜란 전에 왜군이 침략할 것을 예상하고 10만 양병설을 주장하였으나 당파 논리에 휘말려 무시되었다. 대동법大同法 등을 통해 학문을 민생 문제와 직결시켰던 율곡이 관찰사가 된 뒤에 나라의 정치를 바로 잡는데 헌신하였다.

조재연 대법관의 끈기

고졸 은행원으로 사시 수석 합격

| 조재연(자료 : 법률신문)

조재연 대법관은 상고를 나와 은행원으로 근무하면서 야간대학에 진학해 주경야독晝耕夜讀으로 사법시험에 도전하여 수석 합격의 영광을 따내고 대법관에 오른 입지전적인 법조인이다.

그는 검푸른 파도가 출렁거리는 바닷가 강원도 동해시에서 태어났다. 그의 아버지는 6·25전쟁 때 함경남도 원산에서 피란을 내려와 강원도 일대의 탄광과 벌목장에서 막노동을 하면서 가족의 생계를 꾸려 나갔다.

그런 아버지를 따라 강원도 일대를 떠돌며 자란 조재연은 가정 형편 탓에 실업계인 서울 덕수상고에 진학했다. 상고를 졸업하던 해인 1974년 아버지를 여의고 소년 가장이 되어 한국은행에 고졸 행원으로 들어갔으나 대학 출신들이 즐비한 은행에서 학력의 부족함을 스스로 깨닫고 방송통신대학에 다니며 주경야독을 시작했다.

그 뒤 성균관대 법학과 야간부로 편입해 낮에는 모범 은행원으로 일하고 밤에는 '형님 대학생'으로 나이 어린 '아우 학우'들에게 뒤지지 않으려고 열심히 공부에 매달렸다. 늦깎이 대학생이 된 그는 어머니와 여동생들을 거느린 가장으로서 사법시험을 준비하기 시작했다.

여동생이 취업한 뒤로는 모두가 부러워하는 한국은행을 그만두고 고시에 몰두했다. 그리고 1980년 사법시험에 수석으로 합격하면서 법조계의 화제 인물로 떠올랐다.

그것도 내로라하는 서울대, 고려대 등 쟁쟁한 명문 법과대학에서 제대로 공부한 수재들을 따돌리고 수석 타이틀을 거머쥔 것이다. 그래서 그에게는 '상고'와 '야간대학 출신', '사시 수석'이라는 수식어들이 따라다닌다. 대법원에서는 '서울대 법대'로 통칭되는 기존 대법관들의 전형적인 엘리트 코스를 걸어온 법조인과는 다른 인물로 평가를 받고 있다.

사법연수원에서도 최상위권이었던 그는 1982년 서울민사지법 판사로 임관된 이래 13년 동안 재직하면서 시국 사건에 대하여 명확한 판단과 밝고 공정한 법 이론으로 소신 판결을 내리면서 명판사로 관록을 쌓았다.

특히 1985년 초임 판사 때부터 여러 시국 사건에서 소신 판결을 남겼다. 서울형사지법 판사 시절에는 당시 전두환 정권의 입맛에 맞지 않는 판결을 내놓는다 하여 '반골 판사'로 불렸다. 그때 사회 부조리를 고발하는 내용의 '민중달력'을 제작해 배포한 사건이 터졌다. 검찰이 이들을 국가보안법 위반 혐의로 조사하면서 압수수색 영장을 청구하였으나 "표현의 자유가 중요하다."라며 영장 청구를 기각해 법조계의 관심을 끌었다.

1987년 춘천지법 강릉지원 판사로 있을 때는 바다에서 고기잡이로 어로작업을 하던 중에 납북됐다가 귀환한 어부가 간첩 혐의로 기소된 사건의 주심을 맡았는데 "간첩 혐의에 대한 증거가 불충분하다."라며 무죄를 선고하여 어민들의 우상이 되었다.

조 대법관은 판사와 변호사 시절 '헌법적 가치 수호에 대한 확고한 신념과 투철한 인권의식을 지닌 법조인'으로 이름을 남겼다.

그는 본사와 대리점 사이에 연대보증 자동 연장 약관 조항이 무효라는 대법원 판결을 이끄는 등 약자와 소수자 보호에 힘썼다. 어려운 유년기의 영향으로 기부 활동도 활발히 했다.

그는 정부 공직자 윤리위원, 경찰청 수사정책 자문위원, 언론중재위원회 감사 등으로 여러 분야에서 폭넓은 활동을 폈으며 대형 법무법인 변호사로 재직 중에 대법관으로 선임된 것이다.

조재연 대법관은 경제부총리 겸 기획재정부 장관인 김동연과 덕수상고 동문이다. 두 사람은 비슷한 시기에 한 사람은 한국은행 행원으로, 한 사람은 경제기획원 사무관으로 경제 파트에서 일하였다. 후배 김동연이 경제부총리에 먼저 임명된 지 보름 뒤에 선배 조재연이 대법원장의 제청으로 대법관에 선임되면서 덕수상고 동문들의 축하가 쏟아졌다.

그가 덕수상고 재학 시절의 일화 한 토막이다. 당시 덕수상고는 가난한 수재들이 모여드는 주야간 상업계 명문 고교로 유명하였다. 그런데 조재연이 야간대학에서 공부하고 사시 수석 합격을 먼저 따내고, 뒤를 이어 역시 야간대학을 다닌 김동연이 행정고시와 입법고시를 한 해에 패스하자, 덕수상고 동문 선후배들 사이에서 '우리도 국가고시에 도전하자'며 고시 바람을 일으키는 새로운 전설을 남겼다.

조재연과 김동연은 어려운 가정 형편 탓에 상고 진학을 선택하였고, 고교 졸업 후 직장에 들어가 야간대학을 다니며 고시에 합격한 행보까지 판박이처럼 비슷하다 하여 화제를 뿌렸다.

제6장

법원 야사

- 사법연수원의 일화
- H 크라테스 교수
- 쪽지 시험의 돌풍
- 도전과 찬스
- 법조계의 화제

사법연수원의 일화

정재민의 연수원 수기

경주 출신으로 서울대 법대에 진학하여 제42회 사법고시에 합격한 뒤 연수원을 거쳐 육군 법무관으로 봉직한 정재민은 사시 합격과 연수원 시절을 《농땡이 사법연수원의 수기》라는 소설 형식으로 실토했다.

"보통 사람들은 고시에 합격하면 당장 때깔 나는 옷을 입고 깔끔하고 세련된 오피스텔에서 사는 줄로 알고 있다. 그러나 실상은 많은 사법연수원 원생들이 고시에 합격하고도 두 평도 안 되는 닭장 같은 고시원 쪽방에 살고 있다."

그가 고시촌 마을의 옥탑방에 사는 이유를 이렇게 말을 이어갔다.

"내가 옥탑방에 사는 이유는 고양이를 기다리기 위해서가 아니라 돈이 없어서다. 서울 신림동 고시촌도 철저하게 경제 원리가 적용되어 지형적 여건에 따라 고시원 가격이 천차만별이다. 고시원

| 정재민(자료 : 신동아)

이 가까울수록 방값이 비싸고 마을버스 타는 데가 가까울수록 비싸다. 반면에 사람들이 북적거리고 시끄러워서 공부에 방해가 되는 곳은 방값이 싸다."

여름에는 불가마 같고 한겨울에는 칼바람이 창자까지 휙휙 베고 지나가는 옥탑방에서 고시 공부에 매달렸다. 말이 옥탑방이지 옥상의 가건물이다.

고시원 식당의 메뉴는 고시원에 따라 다소의 차이는 있지만 김치볶음밥, 제육덮밥, 오징어덮밥 등이 거의 고정 메뉴이다. 메뉴가 한정되어 있는 실정이라 그중에서 입맛에 맞는 한 가지를 선택하여 거의 날마다 먹게 된다.

적어도 한 가지 음식을 무려 300번 정도를 먹는다. 그러나 반찬은 집에서 먹는 것과 마찬가지로 국과 밑반찬들이 요일별로 다르게 나온다.

고시촌에서는 비밀도 아닌 은어들이 있다. '월우수돈금계'라는 말이다. 월요일은 쇠고기, 수요일은 돼지고기, 금요일은 닭고기가 나온다. 이 말의 의미를 알고 있는지 모르는지에 따라 고시생인지 아닌지를 가려낸다.

고시촌에서 벌어지는 고시 준비생들의 애환은 그야말로 고진감래苦盡甘來라 고생 끝에 빛을 보는 일들이 수두룩하다.

그런 고시촌에 북한 간첩이 고시원의 생리를 모르고 고시원 원생으로 둔갑해 들어와 은거하려다가 체포된 일이 있다. 대한민국 고시촌이 어떤 곳인데 간첩 활동을 펴겠다고 함부로 숨어 든 참으로 멍청한 녀석이었다는 일화가 전설처럼 전한다.

입소식의 진풍경

정재민이 밝힌 사법연수원 입소식 풍경은 어색하고 촌스럽게 이어졌다.

사법시험에 합격한 뒤 법조인으로서의 큰 꿈을 안고 사법연수원 입소식에 참석하였다. 입소식은 초·중·고교 시절의 입학식과 크게 다를 바가 없었다. 행사 전후 모든 것이 어색하고 지루하고 재미도 없었다.

연수원에 입소한 예비 법관들이 가족과 친구들에게 둘러싸여 꽃다발을 받고 사진 찍기에 분주했다. 사법고시에 패스하고 법관이 되겠다는 사람들인데, 그 모습이 촌스럽고 어색하기 이를 데 없어 마치 논산훈련소 신병들과 다름이 없어 보였다.

연수원 건물 곳곳에서 은행이나 카드회사 알바 아주머니들이 새로 들어온 연수생을 대상으로 마이너스 통장이나 신용카드 신청을 받고 있었다.

"사법연수생들에게는 특별대우를 해 준다."라는 달콤한 말이 귓속으로 들어왔다. 그 말에 너무 솔깃하여 가입 신청을 하고 금빛으로 반짝거리는 카드를 받았다.

그렇게 유혹에 빠진 뒤에 '환영 사법연수생 입소'라는 글자가 새겨진 플래카드가 정면에 걸린 강당 안으로 들어갔다. 연수생 수가 참 많았는데 모두가 검정 정장 양복에 검정 구두 일색이다.

원장의 입소식 축사 순서가 되었다. 말이 축사이지 일종의 일방적 훈시였다. 남자 연수생들은 함께 들어온 여자 연수생들을 곁눈질로 훔쳐보느라고 정신없이 바빴다.

콩나물시루 같은 강의실

고시촌 강의실은 콩나물시루 같다. 300명의 고시생들이 콩나물시루 속의 콩나물처럼 빼곡히 끼여 앉아 숨도 죽인 채 강의를 듣는다. 좁은 강의실에서 그렇게 듣던 강의가 끝나면 콩나물시루가 터진 듯이 고시원 원생들이 한꺼번에 튀어나와 독서실로 몰려간다. 발걸음들이 거칠게 튀는 소리를 내며 이동한다.

그런 숨 가쁜 시소게임이 날마다 이어진다. 하지만 고시를 치른 다음에는 희비가 엇갈린다. 합격되는 녀석들보다 떨어진 녀석들이 더 많다. 천당과 지옥이 따로 없다는 느낌이다.

K는 사시 1차 시험에서 떨어진 날, 고등학교 시절 수능시험 전날이 떠올랐다.

그날 고3 학생들이 하나같이 컨디션 조절을 위해 오전 수업만 받고 집으로 돌아갔다. 그런데 그는 깜빡 잊고 책 한 권을 학교 책상에 두고 집으로 온 것을 저녁 무렵에야 알았다. 학교로 달려가서 교실로 들어섰다.

그때 한 친구가 벽에 책상을 맞대 놓고 공부하는 것을 보았다. 서산으로 넘어가려는 태양이 그의 등 뒤를 비추어 주고 있었다.

"오! 마지막까지 최선을 다하는 구나!"

그의 모습이 마치 한 폭의 수채화처럼 참으로 아름답게 보였다. 그랬던 친구는 수능 고득점을 차지했다. 대학 동기생으로 고시촌에서 함께 공부하고 사시 1차를 통과했다.

그런데 나는…?

어느 연수생의 수첩

연수원생 C는 연수원에서 나눠준 연수원 소개서를 유심히 살펴보았다. 눈에 띄는 대목은 교수들의 약력, 연수생들의 평균 나이가 32세, 여자 연수생이 20%를 넘어 섰다는 내용이다.

그는 옆자리에 앉은 법대 동기생 친구에게 물었다.

"문제의 교수가 누구지? 그 교수에게 걸리면 안 된다고 하던데?"

"H 크라테스 교수라고 하던데, 안 걸리는 것이 첫째 목표라고 선배들이 알려 주었는데…."

친구는 모호한 말을 했다. 그 교수는 문답식 교수법을 사용한다고 해서 소크라테스를 빗대어 'H 크라테스'라는 별명이 붙은 교수이다. 친구는 정보통으로 소문나 있다. 최신 정보를 누구보다도 많이 그리고 꽤 정확하게 알고 있기 때문이다.

그런데 그는 법대 다른 친구들에는 최신 정보를 거의 나눠 주지 않고 나에게만 흘려준다. 그렇다고 법대 시절 공부를 더 잘한 적이 없다. 그와는 스터디를 할 때 더 친해졌다. 2차 시험 준비를 할 때의 일이었다. C는 2월이 28일까지인 줄 알고 모든 계획을 짰다. 그런데 친구가 짚어 주었다.

"야! 머리 좀 세탁하라! 올해는 윤년이야!"

2월 마지막 날이 28일이 아니라 29일이라고 깨우쳐 준 것이다. 비록 하루 차이지만 달이 바뀌는 날이라 준비생들에게는 그 하루가 천금 같은 날이다.

그는 날마다 자기만의 비밀 수첩에 일지를 적는다. O, △, X 3개의 부호로 공부가 잘된 날은 O, 공부가 보통인 날은 △, 공부가 잘 안 된 날은 X로 표시하면서 그 원인을 하나하나 자세하게 기록했다.

그리고 공부를 한 총 시간, 밥을 먹거나 쉰 시간도 꼬박꼬박 적었다. 식당으로 가는 시간도 아깝다며 가장 가까운 식당으로 갔다.

경상도 사내인 그는 큰 부잣집 아들도 아니다. 아버지가 어느 대기업 임원이고, 어머니는 의사라 남들보다는 넉넉한 형편이다. 그래서 그런지 사람을 차별하고 가려서 사귀는 습성이 강하다. 그런데 왜 그런지 자기 집보다 형편이 보잘것없는 나를 가장 좋아했다.

H 크라테스 교수

'악법도 법이다'

연수생들은 A, B, C, D 등 10개 반으로 분반이 되어 수업에 들어갔다. C는 친구와 함께 A반에 편성되었다. 연수생들의 각자 소개가 끝나자 덩치가 좋은 교수가 단상으로 올라섰다.

"반갑다! 나는 민사재판 실무를 맡은 H 교수이다."

순간 신음하듯 가볍게 읊조리는 소리가 흘러나왔다.

"아! H 교수가 A반 담당 교수가 되다니…."

H 교수는 바로 H 크라테스 교수였던 것이다. 소문대로 큰 키에 우락부락한 외모에 눈썹은 숯검정 같았다. 담당 교수는 일장 연설을 늘어놓았다. 이야기 중에 사투리가 가끔 섞였다.

"들거라! 본래 연수원 입소식 날까지만 노는 게다. 오늘 하루가 지나가면 2년 동안 마음 놓고 놀 수 있는 날이 단 하루도 없다. 그러니 오늘 집에 돌아가문 2년 치를 모두 다 놀라우. 내일부터는 눈 빠지게 공부해야 할 판인디. 입소하기 전에 적어도 내 별명쯤은 들었을 것이다. 나는 연수원 교수 중에서도 소문난 H 크라테스 교수로다. 악법도 법잉께 잘 지키도록 하라. 내 수업 시간만은 하늘이 두 쪼각 나도 숙제는 제대로 해오라. 안 해오는 연수생은 악동으로 여겨 악 소리가 나오도록 따끔하게 해줄 것이다."

학맥을 캐라

연수생들은 이런저런 잡담을 하며 첫 수업에 대비하였다. 첫 수업은 당연히 H 교수의 민사재판 실무라 모의 수업을 할 필요가 있었다. 그런데 모의 수업 연습 중에 예기치 못한 일이 터졌다.

삼십이 넘은 여성 연수생 진수가 군기를 잡으려는 교수에게 대들기라도 하겠다는 듯이 앙칼진 발성으로 토라진 말을 쏟아냈다.

"사내들이 왜 그리 옹졸한가? H 크라테스 교수가 뭐 신이라도 된단 말인가? 미리부터 기죽지 말라! 수돗물 콩나물 먹은 햇수로는 우리와 별반인데. 여기가 군대 내무반인가? 조금 먼저 붙었을 뿐이다."

그의 말에 모두가 잠시 입을 다물었다. 한순간이 말없이 흘러갔다. 그러더니 문제의 여성 연수원 진수의 출신을 둘러싸고 설왕설래 말들이 일어났다. 다소곳한 S대학 출신이 아니라거나, 와일드한 K대학 출신이라 어쩔 수 없다는 말, 더구나 경상도 아가씨에 법률 정통파가 아니라 공학 전공이라는 말까지 이어졌다.

느닷없이 학맥과 학파, 출신지 논쟁이 일어난 것이다. 그야말로 소크라테스의 학파 논쟁이 벌어진 셈이다. 이로 인해 모의 수업 분위기는 연기처럼 사라지고 말았다.

소크라테스 문답법

사법연수원의 화제는 단연 H 크라테스 교수로부터 나온다. 법조계에서는 고명한 인물로 평가받고 있지만, 연수생들로부터는 카리스마 넘치는 저승사자로 불리기 때문에 언제나 수많은 화제를 만들어 내는 주인공으로 꼽힌다.

사법연수원에서 'H 크라테스 교수'로 별명이 붙은 사연은 독특한 교수법에서 연유되었다. 고대 아테네의 소크라테스처럼 철저한 문답식으로 문제를 풀어간다 하여 붙여진 이름이다. 연수생들은 수업 중에 가끔 모욕감을 느끼면서도 교수의 해박한 지식과 탁월한 인품에 압도당한다. 똑똑한 천재로 소문난 사법연수원생들도 H 크라테스 교수의 수업을 이해할 수가 없었다. 소크라테스도 아닌데 그처럼 흉내를 낸다고 연수원생들이 불평했다.

"너 자신을 알라!"라고 가르친 소크라테스의 교육법을 한 단계 더 발전시켜 "너 자신의 무지함을 알라!"로 비약한 것이 불평의 원죄가 된 것이다. 사법고시에 합격한 수재들의 인격을 깔아뭉갠다는 불평이 쏟아졌다.

그래서 H 크라테스 교수의 수업이 끝나면 정확하게 알고 있는 것, 머릿속에 입력된 것이 하나도 없는 것 같다는 연수생, 짜증이 날 정도로 집요하게 캐묻는 저승사자, 너무나 한심하고 머리가 나쁜 녀석으로 부당한 처우를 당했다고 여기는 연수생들이 많았다.

참으로 불가사의한 일이라고 말한다. 어쨌거나 로스쿨이든, 연수원이든 소크라테스 문답법이란 정말로 지겹고도 짜증날 정도였다. 끝까지 물고 늘어지듯 꼬치꼬치 집요하게 질문하는데 모두가 녹다운되기 때문이다.

쪽지 시험의 돌풍

사법연수 고등학교

어느 날 H 크라테스 교수가 폭탄선언을 했다.

"열흘 후에 쪽지 시험을 보겠다."

이 벼락같은 선언에 연수생들은 크게 당황하며 웅성거렸다.

"여기가 고교인가요?"

그러자 H 크라테스 교수가 부연 설명을 했다.

"걱정 마라! 절대로 성적에 넣지 않을 것이다. 여러분들이 앞으로 보아야 할 연수원 시험이 어떤 유형인지를 미리 경험해 보도록 하고자 실시하려는 것이다. 내가 가르친 내용을 어느 정도 소화하고 이해하고 있는가를 알아보자는 게야. 큰 부담 갖지 말고 테스트의 주체가 교수가 아니라 여러분들이라고 여겨라. 그런 생각으로 가볍게 시험에 임해주기 바란다."

사법연수원에서 연수생들을 대상으로 쪽지 시험을 실시한다고 하자 언론들이 '사법연수 고등학교'라는 제목으로 이렇게 보도했다.

"사법고시에 합격한 사법연수생들은 무척 자존심이 상한 모습들이다. 사법연수원이 '쪽지 시험'을 전면 실시한다는 방침을 세웠기 때문이다. 문제의 '쪽지 시험'은 연수원생들이 반드시 배워야 하는 과목인 민사재판과 형사재판에 관한 실무를 테스트하는 시험이다."

쪽지 시험은 현직 판사와 검사 신분인 연수원 교수들이 가르쳐 준 내용을 제대로 익혔는지를 알아보자는 것이다. 간단한 암기형의 문제를 출제하고 채점까지 한다. 이런 현상은 연수생 사이에 점수 경쟁이 치열하기 때문에 실제 고시에 못지않게 더 열심히 공부해야 한다는 의식이 작용하고 있다.

그만큼 관심이 많은 데다가 그 내용도 어렵다는 평가를 받고 있다. 그런 연고로 고시에 합격하고 사법연수원에 들어온 연수생들의 자존심을 건드렸다는 평가가 나온 것이다.

일부 연수생들은 자신들의 학업 능력에 대한 불신감 때문에 도입되었다는 생각을 하고 있다. 이에 대해 사법고시 합격자가 많지 않았던 과거에 합격하여 연수원 교수로 나온 분들이 지금의 연수원생들을 자신이 보았던 사법고시와 다른 시험을 통과하고 여기에 들어왔다는 착각을 하는 것이 아닌가 싶다고 불평했다.

어쨌거나 발등에 불이 떨어졌다.

'쪽지 시험'을 보는 날, 아침부터 연수원생들이 술렁거렸다. 모두가 촉각을 곤두세웠다.

H 크라테스 교수는 칠판에 시험 문제 제목을 쓰고, 제한 시간 30분이라고 말했다.

시험 제목은 간단한 것 같았지만 10분이 지나도록 한 글자도 답을 쓸 수가 없었다. 어떻게 써야 할지 막막한 문제였다.

"도대체 이런 시험이 어디 있담!"

"말도 안 돼! 연수생들을 능멸함이로다!"

연수생들은 '악명 높은 쪽지 시험'이라는 이름을 붙였다.

시험 결과 연수생들의 3분의 1은 0점 처리가 되었고, 또 3분의 1은 밑바닥 점수를 받았다. 단 1명이 최고 점수 80점을 받았고, 2등은 40점, 3등은 38점이었다. 모두가 경악을 금치 못하였다.

영재들도 진땀

대한민국에서는 가장 어렵다는 사법고시를 비롯해 행정고시, 외무고시 등에 합격한 내로라하는 영재들도 연수원에 입교한 뒤로는 고개를 설레설레 흔들며 진땀을 흘린다.

수은주가 치솟는 한여름 후덥지근한 날씨처럼 수업 스트레스, 시험 노이로제로 목을 조이는 시간이 연속되는 것이다. 더구나 수재들만 모인 곳인데도 인위적인 등수가 매겨진다. 아무리 내가 고교 시절 1등이었고 대학에서도 톱이었다고 우겨도 아무 소용이 없다.

1,000명의 연수생들에게 일련번호로 1등부터 1,000등 꼴찌까지 등위가 매겨지고, 그 등위에 따라 한 줄로 늘어선 채 운명이 결정되고 희비가 엇갈린다.

참으로 냉혹한 줄서기 전쟁이 벌어진다. 같은 등위가 몇 명씩 나온다. 교수나 학생이나 IQ면에서는 대등하다. 교수보다 우월한 녀석들도 많다. 그러니 교수들도 한가로울 수가 없다.

시험이 무척 세분화되고 점수도 다양화한다. 4점 만점에 꼭짓점을 넘어 A^{+3} 4.3점이 생기고, A^{+2} 4.2점, A^{-} 3.9점, B^{+} 3.8점이 등장하고, C점, F점이 나타난다.

최고 정점인 4점 위에 또 다른 점수가 생기면서 최고 만점이라는 의미가 없어진다. A^{+3} 4.3점은 과목별 석차가 7% 이내에 드는 상위 실력을 따내야만 받을 수 있다. 이에 들려면 남보다 하나라도 더 잘해야 하고 더 높은 점수를 받아야 한다. 모두가 치열한 경쟁 속이라 점수 경쟁이 무척 살벌하다.

내가 아무리 잘한다 해도 남들이 치고 올라서면 소용이 없고 등위에서 밀려난다. 스트레스는 한여름 수은주와 같이 올라만 간다. 연수원에서는 0.01점이라도 더 따내기 위한 살벌한 경쟁 판이 계속되었다. 가혹한 시련이 이어질 뿐이다.

연수원이라고 하는 한 건물 안에서 1,000명의 수재들이 도토리 키 재기로 날마다 경쟁한다. 누가 몇 시간을 공부하고 누가 어떤 책을 읽는지 눈에 들어온다. 공부 시간과 연습량이 고공행진을 거듭한다. 남들처럼 공부해서는 앞설 수가 없다.

숨 막히는 경쟁

연수원에 들어온 연수생들은 남보다 더 열심히 공부하고 어려운 고시 문턱을 넘어 고시왕의 타이틀을 거머쥔 영재들이다.

법조인이 되기 위한 교양 과정을 이수하는 것으로 알고 연수원에 들어왔는데, 모두가 치열한 경쟁자들이 되어 무섭게 점수 경쟁을 벌인다. 참으로 피곤한 삶이라 숨이 헉헉 막힐 정도이다.

연수원에서만 인용되는 분명한 격언이 있다.

"공부를 못 해서, 성적이 나빠서 받는 스트레스는 없다. 공부를 열심히 잘해서 좋은 성적을 받아서 스트레스를 풀라!"

이 격언을 지키기 위해 수업이 끝나자마자 교수에게 달려가 질문하고, 새벽에 일찍 일어나 도서관에서도 좋은 명당자리를 잡고 앉아 꼼짝도 않고 책과 눈싸움을 하는 진풍경이 날마다 이루어진다.

돌하르방이 따로 없다. 완전히 기氣 싸움이다. 시험이 가까울수록 도서관의 분위기는 더욱 살벌해진다. 숙소로 들어가기 전에 도서관 책상 위에 책을 얹고 놓고 갔다가 다음 날 아침에 오는 얌체족도 등장했다. 도서관 출입문에 쪽지가 나붙었다.

"도서관은 개인용이 아니다. 자리를 맡아 놓는 얌체 행위를 하지 마라."

저녁 7시와 새벽 2시에 도서관에 앉아 있는 연수생 수가 별로 다르지 않다. 그렇다 보니 제아무리 무쇠 같은 체질이라 해도 건강이 망가질 수밖에 없다. 몸에 좋다는 것을 골라 먹고 보약을 먹는다 해도 모두가 체력이 떨어지면서 바닥을 쳤다.

공부 시간 계산법

그날의 수업을 내일로 미루지 않는다. 육체적으로 힘들고 정신적으로 피곤하다 해도 그날의 학습량을 반드시 소화하는 방향으로 최선을 다한다.

학교에서도 학생들의 나이와 정신적 수준을 감안하여 최대공약수를 따져서 교육과정을 편성하고 가르친다. 그래서 누구나 이해하고 소화할 수 있는 학습량이다. 고시 준비를 하는 동안 설정한 하루하루의 학습량을 탐구하는 데 주력했다.

날마다 시간을 계산하는 습관을 가져야 한다.

'시간은 금'이라는 말이 적용된다. 사람들은 거의 1만 원짜리 한 장도 매우 소중하게 생각한다. 그러나 1시간 60분은 대수롭지 않게 여기고 흘려보낸다. 많은 사람이 "나에게는 시간이 없다."라고 말한다.

그렇다면 '시간이 많다'거나 '시간이 충분하다'는 사람은 몇이나 될까? 시간은 누구에게나 공평하게 하루 24시간이다. 그 이상도 그 이하도 아니다.

학생은 공부가 직업이다. 오늘 배운 것을 오늘 소화하고 오늘 계획을 오늘 해결하는 습관을 길러라. 공부는 하기 좋은 과목만 골라 할 수 없고, 하기 싫은 과목을 버릴 수도 없다. 교육과정은 국민교육의 근본이기 때문이다.

도전과 찬스

계속되는 긴장

보통 사람들이 '위기는 찬스'라는 말은 흔히 한다. 이 말은 위기가 다가올 때 기회가 생긴다는 뜻이다. 사람이 살아가는 동안 위기는 수없이 다가온다.

공부하는 학생들은 그런 위기 의식을 거의 느끼지 못하면서 공부를 한다. 하지만 학생 시절에도 위기는 알게 모르게 계속 다가온다.

고시왕들은 학생이라고 해도 "위기가 왔다는 생각을 가지는 것이 중요하다."라고 말한다. 위기는 바로 적극적인 마음 자세에서 비로소 행동이 나오고, 행동함으로써 기회를 잡을 수 있기 때문이다.

이 말은 다시 말해서 위기라는 것은 곧 타이밍을 잡을 수 있는 찬스라는 말이다. 때를 놓치면 기회도 달아나 버린다. 따라서 현대와 같이 급변하는 시대에서 공부하고 좋은 성적을 올려서 좋은 대학에 진학하고 또 국가고시에 응시하여 합격하려면 공부의 기회를 잡아야 한다.

"공부에 무슨 기회가 있는가?"

흔히 반문하는 말이다. 그러나 공부에도 분명히 기회가 있다. 그 기회를 잘 잡으면 어려운 시험에서도 좋은 점수를 받을 수 있다. 학교 공부는 똑같은 조건에서 일정한 시간에 같은 교과서를 들고 공부한다.

그런데 주어진 시간의 학습을 충실히 소화한 학생, 교사의 가르침에 귀를 기울인 학생과 그렇지 않고 여러 가지 잡념에 빠진 학생 사이에는 상당한 차이가 벌어진다. 처음에는 별로 눈에 드러나지 않지만, 그런 시간이 흐르면 흐를수록 그 차이의 골은 깊어지고 커진다.

시행착오에서 탈피

새로운 것에 대한 도전에는 늘 위험이 따르게 마련이다. 더구나 글로벌 시대인 현대 사회에서는 위험의 폭이 더욱 크고 깊을 수밖에 없다. 그렇다고 해서 미리 겁부터 먹을 이유는 없다. 능동적으로 대처하는 마음과 지혜를 길러야 한다. 그것이 공부의 지혜이다.

고난과 역경이 없는 사람, 그런 위기를 모르면서 성장하는 사람들에게는 성공의 기회가 따르지 않는다.

오랫동안 성공한 사람들의 행동 뒤에는 여러 차례의 시행착오를 거쳐 온 땀의 흔적이 고여 있다. 고시왕의 타이틀을 손에 쥔 사람들도 학생 시절에 남다른 노력을 쏟아 왔다. 노력 없는 성공은 하나도 없다는 것이 역사의 교훈이다.

성공하기 위해 부단히 노력했고 성공의 길을 찾아 줄기차게 달려

온 끝에 영광을 안은 것이다. 바로 '실패는 성공의 어머니'라는 교훈을 실행한 사람들이 성공한다.

고시왕들은 학생으로서의 본분을 다하면서 공부에 매달려 고시라고 하는 관문을 통과한 사람들이다. 그들은 자신의 목표를 분명하게 설정하고 자신의 온몸을 던졌다.

그냥 평범하게 공부하고 보통 사람들처럼 공부하고 학창 시절을 마친 사람에게는 사회에서도 그저 평범한 길을 걸어갈 수밖에 없다. 기회를 잡을 줄 몰랐고 그런 생각도 별로 없었기 때문이다.

목표를 분명하게 세우면 그 목표의 방향이 눈에 보인다. 그렇게 되면 더더욱 자신을 치열하게 훈련시킬 수 있는 기회를 잡게 된다. 공부에는 왕도王道가 없다고 흔히 일컫는다. 그러나 "공부의 길은 분명히 있다. 공부의 길을 내다보면 진실이 눈에 들어오고 공부의 왕도가 트인다."라는 것이 고시왕들의 증언이다.

실패는 성공을 위한 양식

"실패는 성공을 위한 양식이다."라는 말이 있다. 지금까지의 과정에서 실패를 경험해 보지 않은 사람이 있다면 그는 틀림없는 행운아일 것이다.

일반적으로 소극적인 사람은 학교 성적이 오르지 않거나 일에 실패를 하면 '나는 능력이 없다'거나 '실력이 부족하다'는 강박관념에 사로잡히게 된다. 이때 중요한 것은 그런 감정, 그런 생각에서 벗어나는 일이다. 그 방법에는 스스로 강해져야 한다는 것이다.

"실패는 어쩔 수 없다. 누구에게나 예고 없이 다가온다. 그러나 이를 대처할 수 있는 마음의 준비, 정신의 무장을 평소에 단단히 한다면 실패를 막을 수 있다."

실패는 성공을 위한 양식이며 발전할 수 있는 진보의 원천이다. '실패는 성공의 어머니'라는 말은 스스로 마음먹기에 달려 있는 교훈이다.

"성공한 사람들은 마음에 항상 뜨거운 열정을 품고 있다."

고시 다관왕을 차지한 사람들은 열정을 품고 공부에 매진한 공붓벌레들이었다. '인간은 생각하는 갈대이지만, 누구나 망각의 동물'이라고 말한다. 그들은 꿈은 반드시 이루어진다는 신념을 굳게 믿고 그 꿈을 이루고자 부단한 노력을 쏟았고, 도중에 난관이 있어도 좌절하지 않고 단념하지도 않은 열정의 사람들이다.

사람은 누구나 열정을 지니고 있다. 그러나 그 열정을 불사르면서 정진할 때 빛을 내며 활활 타오른다. 마음속에 고이 간직하는 것으로는 뜻한 바를 이루는 에너지로 활용되지 않는다.

법조계의 화제

정의의 표상 초대 대법원장 김병로

| 김병로(자료 : 순창군)

한국 최초의 대법원장 김병로는 법조계에서는 정의의 표상으로 여긴다. 초대 대법원장으로 9년 동안 법원을 이끌었다. 1887년 전북 순창에서 태어난 그는 일본 니혼대학과 메이지대학 법과를 나와 경성법전현 서울대 법대과 보성전문현 고려대에서 형법과 소송법 등 법학을 강의했다.

한때 부산지법 판사를 지냈고 33세 때 변호사가 되어 '독립운동은 무죄'임을 주장하며 독립운동가로 변신하였다. 그가 법조인이 된 것은 조선 말기 홍문관, 사헌부와 함께 삼사三司로 일컬었던 사간원 간원인 아버지 영향이었다.

고향에서 한학을 배우다가 목포 일신학교에 들어가 신학문을 익히던 김병로는 1905년 을사늑약이 공포되자 "나라가 망해 가는데 신학문을 배우면 뭘 하는가?"라며 울분을 삼켰다. 그럴 즈음 용추사 절에서 일본의 만행을 규탄하는 독립운동가 의병장 최익현의 열변을 우연히 들었다.

"을사보호조약은 일본이 조선을 강탈하는 구실을 만든 허울 좋은 이름이며 그 실상은 을사늑약이다. 일본이 강제로 꾸민 수탈적 헛소리이다. 그러므로 우리는 죽창이든 식칼이든 들고 나서서 이 땅의 일본 놈들을 쫓아내야 한다!"

이 말에 큰 감명을 받은 김병로는 100여 명의 의병을 모아 순창에 있던 일본인 보좌청을 습격하는 데 앞장섰다.

24세 때 일본 유학을 떠난 만학도 김병로는 유학 중에 송진우 · 안재홍 · 신익희 등과 함께 학우회를 이끌며 광복운동을 전개하였다. 28세 때 학업을 마치고 귀국한 뒤, 일본의 기혹한 식민통치와 만행에 분노하면서 변호사가 되기 위해 판사가 되었다. 그때 변호사가 되는 길은 판사로 일정 기간을 일해야만 했다.

3 · 1운동 이후 변호사로서 기반을 다진 그는 형사변호공동연구회를 조직하여 조선인의 무료 변호에 나섰다. 6 · 10만세 때에도 항일 애국지사들을 위하여 서슴없이 무료 변호를 맡았다.

그는 1929년 11월 광주학생운동 사건 때 진상 조사단을 구성하고 현지로 내려가 사건 진상을 조사한 뒤 "한국 학생 입건 처사는 부당하므로 전원 석방하라."라며 정면 항의하여 일본 관헌들의 기를 꺾어 놓아 명성을 떨쳤다.

6 · 25전쟁 통에 공비들에게 학살당한 부인의 장례에도 참석 못

했던 그는 초대 및 제2대 대법원장을 지내고 정년퇴임하였다.

대한민국 법원의 기틀을 다지고 정립하는데 헌신한 그는 '살아 있는 법전'으로 청렴과 법치주의를 강조했다. 한국 법조인의 사표로 존경받는 그는 대법원장 퇴임사에서 이렇게 강조하였다.

"그동안 내가 가장 가슴 아프게 생각하는 것은 전국 법원 직원들에게 지나치도록 무리한 요구를 한 일들이다. 인권 옹호, 사건 처리의 절대 공평성, 사건의 신속 처리, 법 최우선주의 등이 그런 것들이다. 사법 종사자들은 법만을 위해 살아가라 한 점도 마찬가지이다. 나는 모든 법관들이 정의를 위해 살다가 굶어 죽으면 그것을 곧 영광으로 알라고 했다. 그것은 부정을 범하는 것보다 수만 배 명예롭기 때문이다."

한때 정계로 들어가 민정당 대표로 야당 통합 활동에 기여하였다. 1964년 간염으로 78세의 생을 마쳤다. 건국공로훈장 등을 받았다.

여성 법조인의 기수 이태영

대한민국 사법부가 출범할 1948년 당시, 여성이 법관이 된다는 것은 상상할 수도 없는 일이었다. 이태영 변호사가 1952년 제2회 고등고시 사법과에 합격해 한국 최초의 여성 법조인이 되었다. 그러나 야당 정치인 정일형의 아내라는 이유 때문에 판사로 임용되지 못하고 한국 제1호 여성 변호사로 이름을 떨쳤다.

이태영은 정치적 이유로 판사나 검사가 될 수 없었던 첫 희생양이다. 가장 공정해야 할 법조계에서 법 이론이 정치 논리에 휘말린 첫 기록이다.

| 이태영(자료 : 법률신문)

서울 법대 졸업생 이태영은 수재 중의 수재들이 실력을 겨룬 제2회 고등고시에서 충격적인 이변을 일으킨 여성 주인공이다. 남자들 틈에 홍일점으로 합격을 따낸 것이다. 더구나 그때 세 아이의 어머니이자 가정주부였다.

1914년 평북 운산에서 탄광을 경영하면서 수익금 전액을 독립운동 자금으로 대주던 탄광 사업가의 2남 1녀의 막내딸로 출생한 이태영은 첫돌 때 아버지를 여의었다. 아버지가 탄광 사고로 세상을 떠나자 어머니는 막노동을 하면서 연년생인 어린 3남매를 키웠다.

그런 어머니를 가리켜 '치마 두른 여장부', '황소 여인'이라고 일컬었다. 그런 환경에서 자란 이태영은 어려서부터 남다른 의지를 품었다.

3자녀의 어머니로 고시 합격

이화여전을 나온 이태영은 교사가 되었다. 그때 미국 유학을 마치고 철학박사 학위를 받고 귀국하여 연희전문 교수가 된 정일형을 만나 결혼하고 연희전문현 연세대 사법요원 단기 양성소 학생으로 입학하였다.

광복과 더불어 법관들이 절대 부족한 상황이었다. 머리를 싸매고 공부하여 사법 법관시험에 응시했으나 배운 문제가 하나도 출제되지 않아 낙방하였다.

"세상사 어찌 한술에 배부르랴. 분명히 시기가 올 테니 낙심하지 말고 기다리며 준비하라."라는 남편의 위로를 받았다. 1946년 서울대가 남녀공학을 처음 실시하면서 3월 신학기 학생을 선발하였다. 법과대학에 응시한 이태영은 당당하게 입학시험에 합격하였다. 이때 32세, 서울대 사상 첫 여학생이자 첫 주부 학생이었다.

그때 서울대학은 이태영의 입학 여부를 놓고 고민에 빠졌다. "어머니이자 가정주부가 과연 법학을 공부할 수 있을까?"라는 것이었다. 교수회의를 몇 차례 거듭한 끝에 "입학시험에서 합격한 이상 그의 입학을 허가해야 한다."라는 결정을 내렸다는 일화가 전설로 내려온다.

고등고시 역사 과목에서도 전설을 남겼다. '한민족과 북방민족과의 관계를 논하라'라는 시험 문제에 대해 출제한 사람보다도 더 명쾌한 답을 쓴 것이었다.

3자녀의 어머니로 그 어려운 고시에 합격하고도 정치적 이유로 판사의 꿈을 이루지 못한 뒤 가정법률사무소를 창설하여 여성들의 사회적 지위를 향상시키는 데 큰 공헌을 하면서 변호사로 활동하였고, 모교인 이화여대 법정대학장을 맡아 여성 교육에 열정을 쏟았다.

원로 법조인의 당부

"천재라면 고시를 보고, 둔재라면 기술을 익혀라!"

고등고시 사법과에 합격하고 고검장과 법무장관, 안기부장 등을 지낸 원로 법조인이 회고록을 통해 밝힌 당부의 말이다.

머리가 뛰어나다 하여 수재라는 찬사를 받는 사람들은 국가고시를 통해 전문인으로서의 진로를 선택하고, 보통 사람들은 자기의 능력과 소질을 살릴 수 있는 기술을 익혀 기능인으로 미래를 개척하라는 충고이다.

조물주는 모든 사람을 만능인이 되도록 창조하지 않았다. 인간은 어딘가 다르고 부족하며 차이가 있게 태어난다. 그리고 사람들은 저마다 그 부족함을 부단한 노력으로 채워가면서 꿈을 성취해 나간다.

미래를 바라보며 꿈의 길을 걸어가는 것이 인생행로다. 미래를 바라볼 수 있는 꿈의 길, 희망의 길을 설정하고 그 목표를 향해 줄기차게 정진하는 사람만이 성공의 열매를 거둔다는 것이 동서고금 성현들의 가르침이다.

'인생의 길'에는 학문 · 예술 · 문화 · 종교 · 스포츠 등 전문 분야의 역할과 기능에 따라 다양하다. 더구나 학문의 길은 역사 · 과학 · 문학 등 다양한 장르가 있다. 인생의 길, 세상의 길을 열어준 사람들은 많지 않다.

재수 끝에 대학에 들어가 세계적인 이론물리학자가 된 아인슈타인은 '상대성의 이론'으로 원자력 시대의 길을 열어 놓았고, 연구에 몰두하면서 탁상시계를 달걀인 줄 알고 난로 위의 냄비 속에 집어넣은 뉴턴은 '만유인력' 발견으로 과학의 길을 열어 주었다. 화약 제조의 길에 목숨을 걸었던 노벨은 세계적인 권위의 노벨상을 만들도록 유언했고, 학교에서 3달 만에 퇴학당한 에디슨은 평생을 연구와 발명에 매달려 지구촌을 밝혀 놓았다.

격언 중에 "인생의 길은 책 속에 있다.", "청소년들이여! 야망을 가져라!", "걷는 자만이 앞으로 나아간다!"라는 말이 있다.

에필로그 (Epilogue)

미래를 향하여

'인생의 길'은 꿈이요, 희망이다.

미래를 향하여

고정관념을 바꾸어라

"성적을 올리려면 고정관념을 바꾸어 보아라."

이 말은 고시 준비생들에게 복음과 같은 말이다. 일정한 틀에 박혀 요지부동인 생각을 누구나 가지고 있다. 자연히 마음이 그쪽으로 쏠려서 항상 고정된 의식에 사로잡히게 되는 것인데, 이는 발전을 가로막는 장애 요소가 된다.

예를 들면 '수학은 어렵다'거나 '영어 암기력이 떨어진다', '국어는 이해하기가 무척 까다롭다' 등 이런 생각이 바로 고정관념이다. 흔히 '고정관념固定觀念'이라고 쓰지만 '고착관념固着觀念'이 옳은 표현이다.

수학이 어렵다고 생각하는 한 진도는 나가지 않고 제자리에 머물게 된다. 또 영어 단어 암기력이 떨어진다고 생각하면 새로운 단어를 외우기가 어려워지고 문장 독해력도 떨어진다. 마찬가지로 국어는 객관적인 내용보다는 주관적인 문장, 논설문 또는 서사체敍事體의 문장이 많기 때문에 그 줄거리를 이해하는데 어려움이 따른다.

그러나 어렵다고 생각하기 전에 '새롭다', '재미있다'고 생각하면 수월해진다. 그렇게 되면 재미있게 공부하는 요령이 생긴다. 버스나 전철을 타고 통학하거나 출퇴근하는 사람들은 보면 거의 다 집을 나서는 시간, 전철을 타는 시간, 그리고 전철을 타기 위해 기다리는 위치까지도 정해져 있다.

이러한 일은 매일매일의 경험에서 자연스럽게 익혀지고 반복되는 일이다. 무의식중에 하나의 습관으로 고착되는 것이다. 이런 현상을 가리켜서 매너리즘에 빠진다고 한다. 일상의 반복 학습으로 독창성을 잃고 신선미와 생기를 잃고 정해진 궤도를 따라가는 셈이다. 기존의 방식이 편하다고 생각하고, 그런 행동이 자연스러우며 좋다고 느껴지기 때문에 그대로 이어간다. 이런 현상에서 과감하게 벗어나야 한다. 그것이 고착관념에서 벗어나는 일이고 생각을 바꾸는 일이 된다.

사람에 따라 커피나 콜라를 마실 때 습성이 다르다. 일반적으로 커피를 마실 때는 우유나 프림, 설탕을 적당량씩 넣어 마신다. 그러나 어떤 사람은 프림만 넣어 마시고, 또 어떤 사람은 설탕만 넣어 마신다. 콜라를 마실 때도 비슷한 현상이 벌어진다.

"콜라에 우유를 섞어 마신다고?"

"콜라가 아니라 밀크콜라잖아?"

기발한 발상인지 모른다. 생각의 전환, 고정관념을 바꾸는 것이다. 아주 사소한 일이지만 이런 신선한 발상은 순간적으로 이루어지는 현상이다.

공부에서도 이와 다를 바 없다. 영어 단어가 잘 외워지지 않는다면 눈으로 보고 입으로 외우는 방식에서 벗어나 스펠링을 쓰면서 단어를 외워 본다면 느낌이 다를 것이다. 수학 문제를 풀 때 문제를 필기하면서 풀어가는 것과 마찬가지로 영어 단어도 필기하면서 외워 본다면 생각의 전환이 되는 것이다.

그러나 대부분의 학생은 기존의 방법에만 머물러 있을 뿐 새로운 발상을 하거나 습관을 고치려고 하지 않는 경우가 많다. 이런 현상은 이미 익숙해진 습관 때문이다.

'이것이 아니면 안 된다', '발상의 전환은 위험하다'는 인식은 고정관념의 벽을 더욱 두껍게 만들어갈 뿐이다. 그 벽을 과감하게 깨려는 참신한 두뇌와 의욕만 있으면 신선한 생각의 발상은 얼마든지 가능하다.

실패를 두려워 마라

> "고생한 경험이 없는 사람은 성공할 기회를 잡기 어렵다. 실패를 경험하지 못한 사람은 성공하지 못한다."

세상 사람들이 하는 말이다. 경험 없이 성공한 사람, 실패 없이 성공한 사람은 드물다는 말은 너무나 흔하다. "고생은 사람을 훌륭하게 만든다." 오늘날 학생들은 육체적인 고생을 하지 않는다. 그러나 정신인 스트레스는 무척 받으면서 공부한다.

인생은 고생을 하면서 훌륭하게 성장한다. 어느 유명 제약회사의 회장은 이런 말을 했다.

"아마도 이 세상에서 나처럼 고생을 많이 한 사람, 실패를 거듭한 사람은 없을 것이다."

제약회사 회장이 무슨 고생을 하고 무슨 실패를 거듭하는가? 이렇게 생각할 수 있다. 하지만 인간의 건강을 지키고 생명을 보호하는 약품을 만들어 내는 제약회사를 경영하는 사람으로서 새로운 신약을 기획하고 연구를 추진시키고 임상실험을 하는 동안 수많은 난관에 봉착하고 실수를 거듭한 끝에 명품 의약을 생산하는 고충을 그렇게 이야기한 것인지 모른다.

학교마다 해마다 많은 학생이 입학하고 졸업한다. 똑같은 선생님, 똑같은 교실에서 공부를 하고 똑같은 시험을 치르는데도 개개인에 따라서 상위 그룹에 드는 우등생도 있고, 밑바닥으로 처지는 계층도 있다. 그런 현상은 어쩔 수 없는 일이다.

한 학급의 학생들이 모두가 1등을 할 수도 없고, 또 모두가 꼴찌를 할 수도 없는 일이다. 성적 순위는 시험을 통해 분명히 가려진다. 피라미트형의 현대 사회에서는 정점인 꼭짓점이 하나이다. 그 정점의 고지에 오르기 위해서는 치열한 경쟁이 계속될 수밖에 없다는 것이 분명하다. 걷는 자만이 앞으로 나아가고 산을 오르는 자만이 정상에 오른다는 것이 세상의 진리이다.

'인생의 길'은 꿈이요, 희망이다

인간이 가야 하는 삶의 길

사람에게는 누구에게나 삶의 길이 있고, 지켜야 할 도리의 길이 있다. 예의, 도덕, 질서, 충효 같은 것들은 첨단 문명사회에서도 반드시 지키고 보존해야 하는 덕목이다. 그것은 곧 세상을 바르게 살아가기 위한 모두의 약속이기 때문에, 모두가 지키고 실천해야 할 도리로서의 길이다.

흔히 '대도무언大道無言'이라고 한다. 큰 길은 말이 없듯이 사람이 인간의 도리를 다하면서 바른 길로 갈 때 인정이 넘치고 사랑이 가득한 사회, 희망이 충만한 아름다운 세상, 사람들이 행복을 누리는 세상이 될 것이다.

기원전 551년 중국 춘추전국시대의 성인聖人 공자는 이렇게 갈파하였다. "인간의 길은 학문을 닦고 효도하는 길, 덕행을 쌓고 지혜롭게 사는 길, 예의범절을 지키며 올바르게 사는 길, 착하고 의롭게 사는 길, 보람과 희망을 가꾸는 길이다. 세상 사람들 가운데 어떤 사람에게든지 그 사람 나름대로 각자가 지니고 있는 천분天分 이 있다. 또 3명이 함께 길을 걸어가면 그 안에 반드시 나의 스승이 있다."라고 가르쳤다. 세 사람이 함께 걸어가면 그 가운데 한 사람으로부터 배울 수 있는 점이 있다는 말이다.

공자보다 150년 후의 사람인 맹자도 사람이 가야 할 길에 대하여 '어질고 의로운 길, 하늘의 뜻과 순리에 따라가는 길, 사람의 도리를 지키는 일' 등으로 삶의 길을 안내하였다.

생각에 따라서는 '공자 왈 맹자 왈'이라며 낡은 시대의 관점이고 고전적 이야기라고 돌릴 수도 있을 것이다. 그러나 버릴 수도 무시할 수도 없는 가르침이다. 이를 어기는 일을 법치法治로 다스리자는 것이 현대 민주사회이다. 여기에 법조인의 올바른 지혜와 덕목이 담겨 있다.

지금 우주 공간에는 선진국의 인공위성들이 황금 궤도를 독차지하여 인공위성이 돌고 있는 하늘의 길도 초만원 포화상태가 되었다고 우주과학자들은 말한다. 좋은 길, 황금 노선은 지상, 해상은 물론 하늘 공간까지 어느 곳이나 비좁아지고 있다.

배움의 길, 직업의 길, 진출의 길도 예외가 아니다. 국가고시의 길은 경쟁자들이 몰리면서 합격의 문턱을 넘는 일이 더욱 치열해지고 있다. 국가고시의 길도 포화 상태가 된 지 이미 오래다.

청소년들이 미래를 향한 웅비의 나래를 펴는데 확실한 보장이 되고 있는 길은 경쟁을 뚫고 나아가는 길뿐이다. 자기가 가야 할 길, 그 길이 지상의 도로이건 공간의 궤도이건 분명하게 설정하고 정진해야 한다. 자신이 가야 할 길이 분명하지 않거나 미확인 궤도처럼 불투명하다면 미로에 갇혀 진로를 찾지 못하고 방황하게 된다.

고시 준비를 하는 많은 사람이 책 보따리를 둘러메고 깊은 산속의 사찰이나 고시촌 쪽방으로 몰려가는 것도 합격의 길로 들어서기 위한 몸부림이다. 고시를 준비하거나 고시에 뜻을 둔 사람은 헤아릴 수 없이 많다.

그렇다고 모두가 그 뜻을 이루는 것은 아니다. 소망하는 바를 얻으려는 쟁취욕이 꺼지지 않고 불타고 있어야 하고, 그 불길 속으로 자신의 몸을 던져 정진해야만 꿈을 이룰 수 있다. "대학 3학년 때 치악산 절간으로 들어가 고시 공부를 하던 중에 몸이 극도로 쇠약하여 뱀탕을 먹으면서 책과 씨름한 끝에 사시에 합격해서 법조인이 되었다."라는 K판사의 말이 예사롭지 않게 들렸다.

고시 공부는 말처럼 그렇게 쉽고 간단하지 않다. 고시 합격자들도 고시의 지름길로 들어가는 안내를 정확하고 자신 있게 말해 줄 수가 없다. 통계적인 길, 보편적인 길을 안내해 줄 뿐이다. 그 길의 선택은 오로지 당사자의 몫이다.

'암기적인 기술력, OX 판별력이 우수하여 고시에 합격하여 법조인의 길로 들어서는 다수의 사람들보다는 무고한 사람을 다치게 만드는 법조인이 한 사람이라도 덜 나오게 하는 것이 사법연수원의 목표이자 의무'라고 H 크라테스 교수는 털어놓았다.

[참고자료]

1. 김재형 - 조선일보
(http://danmee.chosun.com/site/data/html_dir/2011/07/28/2011072801691.html)
2. 김정훈 - SBS
(http://w3.sbs.co.kr/search/main.do?query=%EA%B9%80%EC%A0%95%ED%9B%88&collection=ALL&sort=RANK)
3. 이세웅 - 전북일보 (http://www.jjan.kr/news/articleView.html?idxno=222211)
4. 이수정 - 조선일보
(http://news.chosun.com/site/data/html_dir/2016/04/10/2016041001087.html)
5. 이진형 - 연합뉴스
(http://www.yonhapnews.co.kr/it/2013/07/18/2401000000AKR20130718002100091.HTML)
6. 윤송이 - 조선일보
(http://news.chosun.com/site/data/html_dir/2015/07/29/2015072901735.html)
7. 금나나 - 한국일보
(http://www.hankookilbo.com/v/01cd5e4fcb434acd9744fa89b5671b19)
8. 김관영 - 전라일보 (http://jeollailbo.com/news/articleView.html?idxno=482127)
9. 송옥렬 - 서울신문 (http://www.seoul.co.kr/news/newsView.php?id=20130112026001)
10. 장덕진 - 대한민국헌정회 (http://rokps.or.kr/profile/profile_view.asp?idx=1976)
11. 박찬종 - 한겨레 (http://www.hani.co.kr/arti/politics/polibar/769087.html)
- 서울신문 (http://www.seoul.co.kr/news/newsView.php?id=20170517500026)
12. 고승덕 - 민주신문 (http://www.iminju.net/news/articleView.html?idxno=1717)
13. 원희룡 - 제주특별자치도
(https://www.jeju.go.kr/dojisa/work/participation/join/publicity.htm;jsessionid=5x1LqGhOrAHzGfPzA87smdTof6YdXNfWKQheszCGmm114Pk6Q8jlfvDTpFbcFmT0.was2_servlet_engine1?act=view&seq=899531&page=1)
14. 조재연 - 법률신문
(https://www.lawtimes.co.kr/Legal-News/Legal-News-View?serial=62048)
15. 정재민 - 신동아 (http://shindonga.donga.com/3/all/13/879809/1)
16. 김병로 - 순창군
(http://tour.sunchang.go.kr/board/view.sunchang?boardId=tour_beauty&menuCd=DOM_000001702004007000&startPage=1&dataSid=38745&contentsSid=2059)
17. 이태영 - 법률신문
(https://www.lawtimes.co.kr/Legal-News/Legal-News-View?serial=108566)

※ 이 책에 실린 사진 중 저작권자를 찾지 못한 사진이 있습니다.
확인되는 대로 허락을 받겠습니다.

창의력과 집중력, 천재들의 공부 비결 이야기

한국의 공부 천재들

초판 1쇄 인쇄 2017년 10월 20일
초판 1쇄 발행 2017년 10월 27일

지은이 | 유한준
펴낸이 | 박정태
편집이사 | 이명수
감수교정 | 정하경
편집부 | 김동서, 위가연, 이정주
마케팅 | 조화묵, 박명준, 최지성
온라인마케팅 | 박용대
경영지원 | 최윤숙

펴낸곳 BOOK STAR
출판등록 2006. 9. 8. 제 313-2006-000198 호
주소 파주시 파주출판문화도시 광인사길 161 광문각 B/D 4F
전화 031)955-8787
팩스 031)955-3730
E-mail kwangmk7@hanmail.net
홈페이지 www.kwangmoonkag.co.kr

ISBN 978-89-97383-99-3 43040
가격 13,000원